苦手な人が気にならなくなる本

三观不同，不必强融

[日]山崎洋实 著　　吴静 译

江苏人民出版社

图书在版编目（CIP）数据

三观不同，不必强融/（日）山崎洋实著；吴静译. -- 南京：江苏人民出版社，2023.1

ISBN 978-7-214-25652-2

Ⅰ. ①三… Ⅱ. ①山… ②吴… Ⅲ. ①人际关系学—通俗读物 Ⅳ. ① C912.11-49

中国版本图书馆 CIP 数据核字（2020）第 251708 号

江苏省版权局著作权合同登记号：图字 10-2020-512 号

NIGATE NA HITO GA KININARANAKUNARU HON Written by Hiromi Yamasaki.

Copyright © 2016 by Hiromi Yamasaki.

Originally published in Japan by Nikkei Business Publications, Inc.

This Simplified Chinese edition was published by Jiangsu People's Publishing House,Ltd. in 2023 by arrangement with Nikkei Business Publications, Inc. through Qiantaiyang Cultural Development (Beijing) Co.,Ltd.

书　　　　名	三观不同，不必强融
著　　　　者	[日]山崎洋实
译　　　　者	吴　静
责 任 编 辑	石　路
封 面 设 计	末末美书
版 式 设 计	张文艺
出 版 发 行	江苏人民出版社
出 版 社 地 址	南京市湖南路1号A楼，邮编：210009
印　　　　刷	天津市新科印刷有限公司
开　　　　本	880 毫米 × 1230 毫米　1/32
印　　　　张	6
字　　　　数	100 千字
版　　　　次	2023 年 1 月第 1 版　2023 年 1 月第 1 次印刷
标 准 书 号	ISBN 978-7-214-25652-2
定　　　　价	48.00 元

前言

经过层层筛选，你终于入职自己期待已久的企业，但是我想你也会在工作中遇到形形色色的烦恼。例如，在职场人际关系中屡屡碰钉子，工作方面事事不顺心等。在学生时代，我们拥有主动挑选朋友的自由，但是一旦踏入社会之后，就没有办法选择共事对象。在职场上，存在着不同年龄层、不同性别与成长环境迥然不同的人。每天与这些人一起共事，相信每个人多多少少都会感受到人际关系方面的压力，这时候的你是不是会不由自主地想要与相处不融洽、性格不合的人一决高下，借此解决自己的困窘之境呢？如果你正处于类似的困境之中，我希望自己能够给你提供一些建议，这正是我写下此书的初衷。

我是山崎洋实，大家都称呼我阿洋导师，我从11年前开始一直从事人际沟通训练师训练引导的工作，以面向妈妈人群的讲座为主。训练引导法是通过问馈式对话引导他人自发行动的一种沟通方法。至今为止参加过该讲座的人数约50000人次，每年都会在全国各地开办150次以上的沟通训练研习营。

这本来是从周围同样身为妈妈的朋友群体开始起步的讲座，通过大家的口口相传，迅速扩展到全国各地。我还陆陆续续得到电视、杂志的采访机会，而这本拙作已是我的第七本书了，除此之外，也得到了到国外演讲的机会。

什么？你想问我妈妈帮沟通训练讲座的沟通训练师怎么会写出商业管理课手册？问得犀利，我等这个提问很久了！

答案非常简单，那就是，"沟通的本质都是一样的"。

各种各样的职场女性、妈妈都来参加我的讲座。令人非常感动的是，她们还告知我，"你的讲座除了对育儿大有帮助之外，不可思议的是我听了这些讲座之后，也学会了如何用不同方法与在职场上相处不融洽、性格不合的人和平相处""好想让部门领导和同事也来听一听这个讲座"，委托我协助企业开展沟通训练的委托单也越来越多了。

企业开展沟通训练的内容，与我在妈妈帮沟通训练讲座的内容是一样的。一般也就是在很多妈妈帮沟通训练讲座的内容里面穿插各种各样的职场案例，令人意外的是，学员的反馈几乎都是"非常满意"。

所谓沟通，其实存在两种类型。相信很多人听到"沟通"一词,脑海中浮现的大概都是人与人之间的沟通吧。实际上还有一种我特别重视的沟通技巧,那就是一个人"与自己"的沟通。想要与他人顺利交往,首先得了解自己,学会与自己的情绪友好相处。如此一来,便自然而然地与周围的人沟通顺畅了。

本书将我在妈妈帮沟通训练讲座中阐述的理论观点转换为适用于商务场合的理论观点,分析社会人遇到诸如此类的问题之后应采取的解决方法。每一个解决方法都非常浅显易懂,可以很快上手运用起来。我不善于将问题想得太难,因此,我提出的理论都非常浅显易懂。

不过,这里我想拜托大家一件事情。请读者务必要充分理解"知道"与"做到"完全是两码事。希望大家阅读完这本书之后,不要仅仅止步于"知道"的层面上,而是要能够在日常生活中身体力行,直到真正"做到"为止。

每每读完一本书,我们大都会接受书中的观点并感叹道:"哦,原来是这样子的啊。"然而,三天之后就会把书本里的内容忘得一干二净。希望大家不要一读完本书就将书中的内容忘得精光,如果你觉得这本书里的一些方法"真不错""想试试看"的话,那就请你继续尝试。不仅要身体力行，更希望大家能够深入理解沟通的基础是"精神"这一点。

举个例子，曾经在业内流行过一个据说是顶级业务员都会使用的理论：每当到客户家里拜访时，在放下公文包前，在公文包下面垫上一条手帕。

有一位业务员在得知这个方法之后，心想："原来是这样子的啊。只要在公文包下面垫上一条手帕就好了。"于是他立刻就去买了手帕，第二天就马上开始运用同样的方法。

大家猜猜，这位业务员的业绩有所提升了吗？很遗憾，答案是"否定的"。

为什么？因为这位业务员只是依样画葫芦。极力模仿业界能手的"行为"，这倒也不是什么坏事。俗话说，学习都是从模仿开始的。不过，比起模仿别人行为本身，更重要的是充分探析他人采取此种行为时的"精神"。

为什么顶级业务员会在公务包下面垫上一条手帕呢？这是因为他很贴心，不想弄脏了客户家里的地板。在公文包下面垫上一条手帕，只不过是这种贴心的精神行为的表现之一。除了外表展现出来的行为，我们还需要将其内在的精神也接纳吸收转化为自己的东西，否则就没有办法像顶级业务员那样取得成功。

从形式开始学习本来也没有什么问题，只不过，希望大家一定要理解行为背后存在着的"内在精神"。

各位读者朋友，你不需要一一实践这本书里所涉及的所有方法。就算只尝试一两个方法也没有关系，请下定"从今天开始就实践这一个方法！"的决心，希望大家一定要坚持下去。

坚持就是胜利。11年间，我坚持每年都开办妈妈帮沟通训练讲座，我可以向大家证明此言不虚。哪怕只有一件能够身体力行坚持去做的事情，就能够借此建立自信。你在心里培育出来的正向精神，一定能够成为你的武器。

希望大家的职业人生，都能够越来越快乐！

再次衷心感谢阅读此书的读者。

山崎洋实

目录

第 2 章

安全感会让人采取积极行动

读者之声 1

第3章

巧用自己的优势，发挥团队合作能力

第 4 章

多与他人接触，扩展自己的潜能

读者之声 2

第 5 章

与自己的情绪友好相处

读者之声 3

第 6 章
与现在的自己友好相处

第 1 章

每个人都是不一样的烟火

在职场上，你有没有遇到过难以相处的人？你有没有发现越是觉得对方难以相处，就会越在意对方的一言一行？实际上，我们的大脑会自动收集自己所关注的信息。在我们觉得"这个人真是令人厌烦"的那个瞬间，大脑就会开始针对这个人的言谈举止发生反应。

举个例子来说，假如现在有一个十名成员的团队。这种情况下，不可能全员志趣相投。大部分情况下，能够跟自己合得来的人大概有20%，关系一般的人约占60%，性情不相投的人约占20%。无论我们走到哪里，一定会遇到难以相处或是性情不相投的人，我将这个规则称为"宇宙法则"，也就是宇宙量级的通用比例！假设你因为公司里有讨厌的人就辞掉工作，难道换一份新的工作就不会遇到讨厌的人吗？没有这回事，新的职场也一定会出现难以相处的人。

学生时代，我们可以只和性情相投的朋友互相来往。遗憾的是，在职场上，我们是没有办法挑选部门领导、同事与下属的。

如果身边有相处不融洽的人，我们该怎么办呢？在这一章，我想告诉大家的是，无须花费无谓的精力与他人争斗，**就能够轻轻松松建立良好人际关系的秘诀。**

入职第三年的
高桥（26岁）

你到底要我说
多少次才能听懂我
说的话啊！

唠唠叨叨

最近，
我越来越厌烦
公司了。

主任，
为什么……

喋喋
不休

您为什么总是
大动肝火地大
声呵斥我呢？

那谁，
高桥！
我早就说过，
订书针要跟
边线呈45°
角订好！

什么？

马上重新订好！

订书针这种
东西只要订
得牢固，就
可以了吧？

不要老让我做
多余的事情……

啪哒

订书针要跟边线
呈45°角订好

主任她真
是……

为什么她总是
拘泥于这种细
枝末节啊？

田中，今天将要举行入职新员工欢迎会，你一定要参加哦！

实在不好意思，本人不怎么参加此类聚会。

是……是这样的。

下班后的私人时间是我个人的自由哦！

你这人怎么这样，老是听不进前辈的建议！

你还是参加一下比较好哦。

社交呀，社交！

这种欢迎会，是在下班以后才举办的吧？

那些文件是我今天开会的时候要用到的资料！

啊！

啊！

碎纸机

噌地站起来

啊，糟糕

公司的人际关系为什么总是让人心力交瘁啊……

竟然犯下这种错，你也太大意了吧？

洗澡的洗条方式

搓洗身体
↓
洗头
↓
入浴

要求大家发言的时候

我来！

唔……千万别叫我

我应该坐在哪里呢？

碗筷的摆放顺序

④
③
①
②

这种事情大家平日里确实都不怎么上心。

实际上我们一举一动都选择最放松、最惬意的行动模式。

突然大发雷霆

工作就应该

注重细节

每一个人都按照各自不一样的模式生活，包括部长、主任和后藤。

像盖印章一样。

总是我行我素

冒失鬼发呆

盖章

实际上大家每一天都只是在不断重复着这些固定的模式而已。

真是……这样吗？

那我倒要问你，你为什么明明对对方感到不满，却一言不发呢？

嗯……那是因为……

我这个人本来就不善于开口说话，再者我也不想跟他人发生纠纷。

我大概就是这种性格吧？

所以，我就习惯选择『就算心怀不满也不说出口』这种方式。

不满

说出口

不说

我要往这边走

我想大概就是这样的吧。

就是这样，大家都以各种不同的模式活在这个世上，仅仅只是这样罢了。

高桥

啊？

你是不是已经完全习惯了这种隐忍模式了？

用力盖章

01 每一个人都拥有不一样的模式

我来分享一个在漫画里也会看到的观点：每当我们双手十指交扣的时候，一定会有一些人是右手拇指在上，有一些人则是左手拇指在上。请你试着用平时相反的方法交扣一下十指，会不会觉得有点奇怪呢？没错，这就是你的"固定行为模式"。

我们每一个人都有好几种自己的固定行为模式，并且生活在这些固定行为模式里。穿鞋的时候是先穿右脚的鞋子还是先穿左脚的鞋子，沐浴的时候先清洗身体的哪个部位，每一次差不多都是一样。只是平日里人们都是无意识地采取行动，所以一般都不会特别留心这些。

行为模式因人而异。有些对自己来说是顺理成章的事情，在别人看来则另当别论。

很多时候我会在演讲刚开场之际邀请参会人员做一个试验，告诉他们："请在场诸位向您同组的搭档介绍一下你自己，但是自我介绍的先后顺序不要用猜拳来决定。"这样一来，参会人员大致会分成以下三种类型。

　　第一种是"那就从我这里开始自我介绍吧"这种首先开口说话的积极进取型；第二种是提出"请按照座位顺序依次进行自我介绍吧""从远道而来的人开始介绍吧"等方案来应对当下情境的灵活应对型；最后一种是不主动开口发言，只等着别人站出来主持的被动等待型。

　　你是属于哪一种行动模式呢？在不刻意改变自我行为的情况下，无论身处哪种情境，加入哪一个团体，一个人的行动模式基本上都是一样的。举个例子，平时就比较消极的人，肯定不会在开会的时候突然站出来主持会议。

　　除了这些"行动模式"外，其实每一个人都有自己的"思考模式"和"情绪模式"。

02 思考模式——寄期望于未来与活在此刻

思考模式是什么？举例来说，我有一个上初中的儿子，当他还是小学生的时候，某一天我们在一起看动画片。动画片的主要角色说道："人生只有一次！不必瞻前顾后，去做你一直想要做的事情吧！"

当我听到这句台词的时候，我觉得这句话"说得非常妙"，可是我身边的儿子却自言自语道："妈妈，我认为这个人说得不对，做事不考虑周全而横冲直撞的话，这样会给周围的人惹来麻烦吧？"

我几乎没有考虑到这些，对此感到十分意外。我儿子属于采取行动前会优先顾及周围其他人的类型。而我只会优先考虑自己究竟想要怎么做。哪怕我和儿子是一起生活了十年以上的母子，我们的思考模式也会存在巨大的差异。

那么，在职场上，每一个人的思考模式也是不一样的。

举个例子，大家对工作的思考也存在两种类型。一种是"寄期望于未来派"，他们会列出自己未来的理想清单，希望自己在三五年后或者十年后能够达成某个既定目标。另一种则是"活在此刻派"，他们认为，一直以最佳的精神状态面对工作是最理想的，比如，一想到要跟某个人一起共事就会摩拳擦掌，努力完成别人委派给自己的工作。

在上述两种类型中，我属于"活在此刻派"。刚开始从事教练引导工作之际，我根本就没想过"希望自己十年后能够上电视并渴望出版自己写的书"。实际上，我仅仅是在以往的职业生涯中，对人际沟通和教练引导工作产生了兴趣，希望能够将自己的体验分享出去。在看到他人因此逐渐振奋起来而获得幸福的时候，我也感到很欣慰。于是就这样一直坚持着这份工作，已经坚持到第十二个年头了。

"寄期望于未来"与"活在此刻"这两种思考模式，并没有哪种类型更加正确。这只是一个人的思考模式。

"寄期望于未来"与"活在此刻"

03 情绪模式——喜怒哀乐的感受方式

每一个人都拥有不一样的感受方式和情绪模式。举个例子，有些人当犯下了曾经犯过的错误之后，就会感到非常沮丧，自责"已经不行了"；反之，在同类情境之下，也有一些人会比较容易重振旗鼓，他们会告诫自己："已经发生的事情再怎么懊悔也于事无补，继续努力吧！"

有些人会为了一些微末小事而大动肝火；有些人只轻声感叹一句"原来还有这样的事情啊"，便翻页了。

甲之蜜糖，乙之砒霜。每个人对事物的情绪感知不尽相同，感知强度也因人而异。每个人都拥有自己的情绪模式，模式本身并无优劣之分。

04 了解自己的模式，就能够慢慢洞察出他人的模式

想来诸位读者已经大致了解每一个人在行动、思考、情绪方面，都拥有不一样的模式。

我们在自己的情感模式里，一切都是理所当然的，但是他人的情绪模式是自己从未感受过的情绪，因此难以理解，让人不禁问"为什么"。

接下来还会因为自己没有办法理解而强迫他人接受自己的模式，甚至发生争执。基于此，特分享以下训练引导的方法。

我们没有办法改变别人和过去，我们能够改变的只有自己和未来。

因此，不与他人发生争执的沟通方法，其第一步就是"了解自己"，而非改变他人。你也许会觉得"反正我早就熟悉自己的模式了"，实际上我们每一个人都不太了解自己。原因就在于这一切都显得过于理所应当了。接下来，请与我一起明确哪些是自己拿手的或不拿手的事，以及什么东西会让你感到欣悦或难受。

只要剖析自己的模式，与他人比较，就能够慢慢看出他

人的模式。通过审视自己，充分了解自我模式，从而也能够觉察到他人的模式。这样的话，就能够看出"原来这个人是使用这种模式行动啊"。充分了解他人和自己的不同的地方，那么，自己在人际关系方面的烦恼也会随之锐减。

其实，"自我剖析"还有另一种益处。一旦知道我们自己平常的思考模式之后，我们就能够在必要的时刻选择不一样的模式去行动。

举个例子来说，我前面提到过的交扣十指的方式。如果我们没有发觉自己交扣十指的方式一直都是右手拇指在上的话，我们这一辈子大概就只会采取这种交扣十指的方式；一旦我们发现自己在交扣十指时属于右手拇指在上的模式之后，也就多出了"左手拇指在上"这个选项。换言之，只要我们发现自己的模式，就可以自主选择和平时不一样的模式。这会扩展我们的广度。

下面是关于"剖析自己与周围其他人的模式的课题"。请大家一定要试着了解自己与身边其他人的模式。

本章总结

1 每一个人都有自己的既定模式。
2 模式本身没有优劣之分，重要的是了解不同模式之间的差异。
3 了解自己的模式，就能够选择与平常不一样的模式。

课题1

剖析自己与周围其他人的模式！

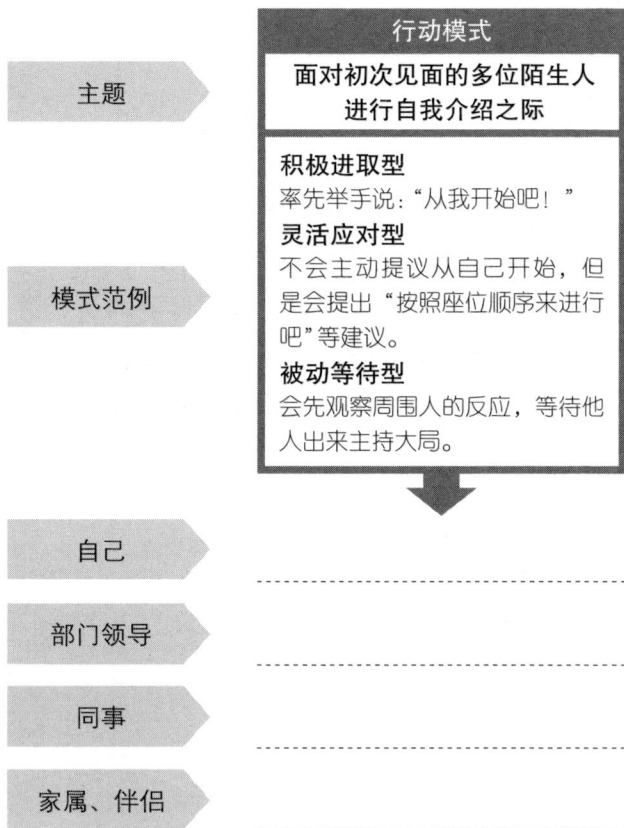

主题	行动模式
	面对初次见面的多位陌生人进行自我介绍之际
模式范例	**积极进取型** 率先举手说："从我开始吧！" **灵活应对型** 不会主动提议从自己开始，但是会提出"按照座位顺序来进行吧"等建议。 **被动等待型** 会先观察周围人的反应，等待他人出来主持大局。

自己	
部门领导	
同事	
家属、伴侣	

请针对P009所介绍的行动、思考、情绪模式类型，写出自己所属的模式类型。接下来也试着问一问你身边亲近的人吧！大家各自属于怎样的模式类型呢？

思考模式
针对工作的想法
寄期望于未来派 列出自己未来的理想清单，希望自己在三五年后或者十年后能够达成某个既定目标，朝着既定目标持续前进。 **活在此刻派** 他们想一直保持最佳的精神状态面对工作，比如，一想到要跟某个人一起共事就会摩拳擦掌，努力完成别人委派给自己的工作。

▼

情绪模式
下列哪一种情绪是你平时容易激烈地显露出来的情绪呢？
喜 怒 哀 乐

▼

思考
- -

思考
- -

思考
- -

思考
- -

要点 只要留意自己与周围其他人的模式，距离不与他人产生争执的沟通方法就更进一步。

第2章

安全感会让人采取积极行动

我们一般都会对他人的行动和言语产生相应的反应，也很容易从"好"与"不好"或"对"与"不对"等方面来做出价值判断，还会强迫他人接受自己认为正确的价值观，双方之间甚至还会发生龃龉。

人类是一种十分渴望安全感的生物。面对来自他人的否定和攻击时，我们往往不容易采取积极的行动。只有拥有安全感，才会激发其想要发愤图强、不怕危险和困难、直面困境的斗志，才会接纳周围的人。换言之，安全感使人采取积极性行动。

那么，究竟什么东西才能带给人安全感呢？

答案是"认同"他人。在日文中，认同（認める）这个单词源自"看见（見る）"与"留意（留める）"。而"留心（見留める）"的意思，是用心留意他人和自己的差异，不评断孰好孰坏，单纯接纳他人"就是那个样子的人"。

小林和山本组，这个月的业绩又是冠军！

哇～

入职才第一年，他们真是我们公司的未来之星。

太棒了！

这么说起来，再来看看我的下属……

这是什么！就这种业绩……

你也稍微精进学习一下怎么样啊！

哈腰

点头

对……对不起。

唠唠叨叨

说得还蛮有道理。

咦？！真是这样吗？

那个人天生资质愚钝，就只有这么大的能耐。

我根本就帮不上什么忙吧？

没自见心

我正式从事教练引导职业之前，曾经就职于一所大型英语会话培训学校，在那里担任业务员。

当时学校里有一位叫作小清的女孩子，

性格文静，为人不错

但是完全不适合业务员这个工作。

她的业绩一直很差。

但是她也没有别的地方可去。她如果在我们这个部门做不出业绩来，多半就要离职了。

不过……她这个人呀。

一些基础性的事务她都做得有条不紊。

按时上班

打扫和整理方面也都做得非常好。

衣饰考究，仪容整洁。

不会丢三落四

⑦

但是，几乎没有人肯定过她这些优点。

我注意到这些细枝末节，就一直跟她说——

小清，你今天又这么准时呀！

桌子总是擦得一尘不染，谢谢你！

但这些和业绩没有关系。

即使这些和业绩没关系。

无论什么时候都能够保持跟平常一样的标准。

心情好的时候，就得意扬扬，手舞足蹈。心情不好的时候，生活就过得乱七八糟。

这可是一件比较困难的事情哦！

小清，你真是一个意志坚强的人。

没关系的！你的业绩一定会增长起来的。

那……小清之后发生了怎样的变化呢？

她建立起了内在自信，成为了一位很优秀的业务经理。因为她基础扎实，所以她一直很坚强，不会轻易倒下。

无论是怎样的人，都有自己独特的才思和悟性。

留心并找出他的才能，就能够将之转化为优势。

这款产品的……

这个地方是这样的……

虽然成功签约的不太多，但是，这都没关系。

以前的我仅仅只能看到业绩成果本身而已……

这个家伙到底在干什么呢？在公园里进行业务练习？

因为你真的非常努力，工作也很拼命。这些我都看在眼里。

工作一定会顺利展开的！

是，是的！我会好好努力！

让我来施加一次魔法吧！

029

01 认同他人

每一个人都怀有"希望他人认同自己"的内心需求。请看这张认同金字塔结构图。

这张图叫作"认同金字塔结构图"。金字塔的最底层是 Being（存在），中间层是 Doing（行动），最上方则是 Having（资源/持有物、学历、才能等）。从这张图中也可以看出，心理学用语"认同存在欲求"说的是，认同其存在价值是人类最基本的欲求。

对于一个人来说，最重要的需求是他人能够注意并认同自己的存在，当我们感受到他人认同自己的存在时，就会感到心满意足，进而在面对眼前的事物时就会更加积极。这个道理同样适用于职场上。然而，事实上目前这一条认同需求依旧没有得到足够的重视。

其原因就在于我们总是容易将注意力置于他人的三角形高位点，也就是认同金字塔结构图里最容易划分优劣的那个区域。尤其是企业或组织内部追求业绩成果，因此容易产生总是关注数字与结果的倾向。如此一来，愈发难以"单纯留

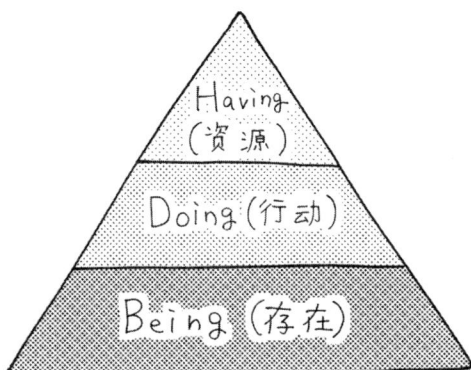

认同金字塔结构图

意他人，并对这个人产生兴趣"了。不过，与他人交往的时候，认同他人的存在是非常重要的一环。接下来，我想要与大家分享一下认同他人存在的每一个步骤。

02 人与人之间的互动可以营造出安全感

在某家企业的内部，有些部门派遣员工的稳定度很高，有的很低。调研后发现，稳定度很高的部门，在派遣员工入职后的第一天，主任一定会亲自招呼派遣员工，用言语、点头、招手、行礼等方式表示问候。

"你就是今天新入职的○○吧，还请多多指教。"

第一次前往新职场报到，无论是谁都会感到紧张不安。这个时候，如果身为部门领导的主任亲自上前问候自己，我们一定会感到很愉快，会觉得"主任非常关心自己""主任很愉快地接纳了我"。

此外，如果你初到职场，大家都面朝电脑专心致志地工作，几乎都没有注意到新来的你，你会产生什么样的感觉呢？除了觉得被人冷落而感到有些凄凉之外，或许还会感到局促不安，甚至会怀疑自己能否在这家企业待下去吧。

事实上，仅凭一句问候是无法改变员工的稳定度的。第一天的问候，仅仅是一种行动。但是从打招呼这件小事我们可以看出，这位主任拥有人际互动的意识与精神。除此以外，不仅是一开始的当面问候，有些人际方面的沟通也能够让常常互动的人产生安全感。

　　大家只需要主动"表示问候""称呼他人的名字"就行了。事实上，他们能够在和你互动时获得何种程度的安全感，这两个简单的动作也就是关键所在。

03 可以激励销售业绩增长的一句话

本人在成为沟通训导师之前，曾经在分校遍布日本全国的英语会话培训学校担任分校经理。根据分校规模大小，各个分校都会配备一至两名经理，专司学生入学手续方面的管理、讲座更新频率的通知及教师事务等运营工作。经理要么被委派到分校工作一年，要么在各分校之间进行短期援助。当时我被委派到全国各地的分校进行援助，我的个人业绩在全国分校范围内一直名列前茅。那么，我的业绩为什么会越来越好呢？当时的我并未意识到自己干了什么了不起的事情，不过，时至今日回想以往种种，忽然明白是什么原因了。这一切归功于我当时充分认同了教职工和学生们的存在意义。

每当我被委派到新的分校，往往会先和每一位教师促膝长谈。我和他们的谈话内容涉及的往往不是学生续课率方面的数字性话题，而是会特意问及对方"你是基于什么原因才成为英语会话培训师呢？""你觉得在教学过程中哪些地方比较有趣？"等问题。实际上，这些问题恰恰代表了"我对谈话方这个人抱有兴趣"。当然，为了保证校方的收益，取得业绩也是教职工们十分重要的工作，但是就算当面诘问教职工"你的工作业绩非常差劲，你自己认为怎么样呢？"，也没有办法提升对方的士气。

其实，每一位老师都十分清楚需要提升自己的工作业绩。越是在这种节骨眼上，越是如成语所说的"欲速则不达"。一开始的时候我往往会在与老师们建立信任关系方面多花一些力气。

"大石小姐（我结婚前的旧姓），您是我们学校第一位避谈数字的经理。"当时，时常会有人对我这么说。

据闻，历任经理赴任后，一般都不怎么跟老师们打招呼，张口闭口满是数字的话题，并且满口批评之语。"大石经理，您是第一位让我想要尽心合作的经理。"就连一位平素难以相处的老师也这样对我说。个中缘由似乎就是我不会揪着数字问题诘问不止，而是会询问学生和老师们的状况，这一点让他们觉得"这个人非常看重我的学生"。

使人干劲十足的，是人；使人缺乏干劲的，也是人。这个是我在英语会话培训学校履职的时候学到的道理。

04 工作遇到瓶颈时，更要多与他人积极沟通

在职场上我曾经遇过各种类型的部门领导，其中，让我充分爆发出自我潜力的往往就是那种擅长认同他人的部门领导。

有一次，我被委派到业绩欠佳的九州分校进行援助。当时我是总公司事业部主任，创造良好业绩是我义不容辞的工作，这里没有任何人会替我承担责任。

来到陌生的地方努力工作，刚开始的时候业绩并没有什么进展，正当我觉得形势不妙之际，我的手机响了。我接通电话，手机里传来非常令人怀念的声音："大石，你近来过得好吗？"一听之下，才知道原来是以前曾经照顾过我的部门女领导，她得知我被派遣到了当地的分校，出于对我的关心，便给我打了这通电话。

这位部门领导肯定审阅过公司的统计表，自然知道我的业绩。但是她并未追问我"你的业绩有所提升了吗？"而是对我说："我在总公司没见到你，还在想到底是怎么回事呢？却听闻你现在被委派到○○分校，我就忍不住找来了！"她以

这种独特的方式向我表达关怀，我感到十分开心，至今仍然记忆犹新。

仅仅是一位前部门女领导找我说说话，就能够让我鼓足干劲努力工作。这是因为我觉得有人关心我，与之对应，我便也想让部门领导高兴，因此爆发出比以往强大无数倍的力量，最后也达成目标业绩。

我们工作顺利的时候，受到周围人的关注，得到良好的评价，往往会容光焕发，因此可以凭借自己的力量在一定范围内奋发图强。然而，当一个人陷入逆境之际，其存在能不能得到他人的认同就显得愈发重要。所以，每当这种时候，请您先告知对方"我正在关注你"，这句话可以带给人力量，能够让对方产生积极向上的动力，努力工作。

05 较之结果，更加需要获得认同的是过程

之前出现在漫画中的那位小清是一位经理，也是我成为事业部主任后的下属员工。当我见到小清本人时，当下也觉得她太文静了，不太适合做业务员。不过，当我对小清这个人产生兴趣，开始思考"怎样才能让她发挥出个人潜力"之后，我发现了一件事情。

小清每天都会很早到公司，都会在同一时间段整理桌面。她的仪容仪表十分得体，自我管理做得非常好。她从不迟到，一定会遵守约定好的时间与日期。

以前，我曾经遇到过一些态度不端、经常缺勤、不守信诺的同事，不管之前他们的业绩有多么出色，过不了多久业绩开始停滞，最终以辞职了事。基础打得不牢实，即使在一段时间内业绩出色，最后也没有办法一直保持优秀。

虽然部门领导们一再嘱咐我："小清的工作业绩没有什么起色，她可能不太适合这份工作吧。"但是我反驳说："不是的，她肯定没问题的。"

业绩数字体现了工作成果。工作成果欠佳，其实最介意

的就是小清本人。就算再怎么苛责她，事情也不会发生任何改变。就算对方没有做出任何工作成果，也要观察其工作过程，把对方在工作中产生的变化与获得的成长告知对方，这才是最重要的事情。

虽然小清并未取得什么工作成果，但是她从未因此而放弃过努力。较之结果，我更关注她努力尝试取得成果的过程，我告诉她说："你认真努力工作的态度我一直都看在眼里。"也一直不断地找她谈话，小清也因此建立起了自信，开始积极主动地与他人沟通，最后她终于成长为一位出色的经理。

我们如果对一个人没有兴趣，就不会与其互动，那么就没有办法看到那个人。每一个人都拥有熠熠生辉的"某种内在潜力"。谁能够发现这种潜力，并能够引出他人内在潜力，谁就能够成为一名优秀的领导者。

06 凭借"道谢首要原则"，传递影响力

"谢谢"这句看起来天经地义的话语，事实上很多人没办法好好地说出口。

尽管如此，每当我们听到他人对自己表达"谢谢"的时候，就会感到非常开心，这是因为"谢谢"这句话包含了终极意义上的存在认同。每当他人对我们表述"谢谢"的时候，我们就会感觉到自己是有用的，是被需要的。

每当团队成员帮助了我们的时候，请记得及时对他们道一声"谢谢"。我将这个原则称为"道谢首要原则"。

打个比方，道声"谢谢"就是人际关系储蓄。在下达指令或批评指正之时，他人与你之间是已经储存了很多次"谢谢"资本的人际关系，还是完全没有任何存款余额的人际关系呢？在前述两种不同的状况之下，他人对待你的反应也会存在差异。所以，受了他人恩惠之后，首先一定要向他人表达自己的感谢之意，告知对方："谢谢你对我的帮助，因为你的帮助，我的工作才取得进展。"

除此之外，还要注意自己在向他人表达"谢谢"的时候，

将得到帮助的好结果传递给他人的说法

收集了这么多的资料真是一件不容易的事情。客户那边很高兴呢！

多谢你帮助我查找资料。

一定要针对**行动造成的影响这一点来表达谢意**，而非行动本身，这样一来更加能够传递你的感恩之情。举个例子来说，不要仅仅用"多谢你帮我制作资料"这样的表述，而是要这样说："幸亏你帮忙制作了这么清晰易懂的资料，我才能够顺利完成这个简报。"这样表述的话，他人也比较能够感受到自己确确实实帮上了你的忙。

此外，"得到你的帮助真的非常高兴""多亏你的帮忙"，也是可以将他人对自己帮助的影响传递给他人的句式。

07 人只有对有感觉的事情才采取行动

诸位读者如果感觉自己的下属一直没有取得什么成长，那么，我这里刚好有一件事情想要与你分享。也许大家会觉得"怎么我的下属总是提不起干劲来呢？""为什么我的下属总是记不住工作应该如何展开？"，每当这种时候，就算你再怎么一而再再而三地强调"你要努力工作"，对方也不会有什么改变。

究其原因，人只有在身处以下两种情境之中时，才会改变自己的行动。

一种情境是"**订立目标之际**"。当一个人在内心深处觉得"我想要成为这种人""我想要完成这项工作"，找出目标的时候，就会发生改变。

另一种情境则是"**危机感来临之际**"。当当事人真心觉得"再这样下去将大事不妙"时，他们的行动也将随之发生改变。

"感动"一词由"**感觉**"与"**行动**"两个词组合而成。人类是动物，只会在产生感觉的时候才会采取行动。

我们希望他人改变的时候，如果盲目下达指令，那么无论怎么苛责和表达愤怒都不会有效果，唯有"促使对方产生感动之情"，才会奏效。

那么到底该怎么做才能够促使对方产生感动之情呢？在此我想要跟各位分享下面一则小故事。

我的一位朋友家里有奶奶、爸爸、妈妈和就读小学一年级的孩子，共4名家庭成员。就读小学的孩子会从学校将室内鞋带回家清洗。某个周末，给孙子清洗鞋子的正是九十岁的奶奶。可是，奶奶毕竟已臻九十岁高龄，由于她年老乏力，鞋子洗得并不是很干净。

当孩子看到晾干了的鞋子，直抱怨道："真麻烦！奶奶洗的鞋子洗得都不怎么干净啊！"

如果换作是你，你会对这个孩子说些什么话呢？

"你怎么可以这样说话！奶奶帮你洗鞋子，应该说声'谢谢'啊！你如果不满就自己洗！"

想来一定会有很多人这么训斥孩子吧。我们总是想要用言语去教育孩子学会感恩，这个家庭里面的妈妈也是如此。然而，当天晚上，爸爸在和孩子一起洗澡的时候，对孩子说了下面这番话。

"咱们一起来想一想，奶奶为什么要帮你洗鞋子呢？那是因为她非常疼爱你啊。如果你不喜欢没有洗干净的鞋子，你大可以自己再刷一遍。不过，你刷之前记得要先穿一次再洗。如果一次都没穿过就拿去刷的话，你觉得奶奶会怎么想呢？奶奶一定会非常失望，她会觉得自己没用，洗个鞋都洗不干净，对不对？所以，奶奶洗的这双鞋，咱们至少要先穿过一次才可以拿去洗，你说是不是这样呀？"

遇到类似情境，不要只想着居高临下地发出"这样不行！""你应该要如何如何做"等指令，我们一定得事先认同对方存在的意义和个人感受，得先打动对方，接下来再将话题引导至希望对方完成的目标上来。

这位爸爸首先说出来的一番言语，就在认同对方存在意义方面下足了功夫。

• 你是奶奶非常疼爱的孙子（认同了孩子的存在意义）。

• 如果奶奶认为自己很没用的话，她一定会感到非常失望（教导孩子认同奶奶的存在意义）。

紧接着，他再设定目标，说出了一番打动人心的话语，让孩子打从心底感到"自己想要成为这样的人"（或者不想成为这样的人）。

• 不想让奶奶感到失望（目标）。

在这个情境里面，爸爸没有批评孩子的行为，也没有试图操控孩子，而是先推己及人认同了孩子的存在意义和个人感受，并且告诉他采取相应行动的时候要心怀感恩——这就是"感动别人"的窍门。

08 认同他人存在的终极意义

我的父亲身患胰腺癌入院,医生宣告他最多剩下半年的时间。

父亲只得接受注射吗啡来止痛,这导致他意识模糊,纵使有人喊他,他也没有办法回应,当时连我都看得出来,父亲所剩时日无多。他当时已经裹着尿布,每天由护理医师帮他更换尿布。

某一天,来帮忙护理的护理医师拉上病房的隔帘,利落地帮助父亲换尿布,向我父亲说道:"大石先生,我要帮您换尿布啦。我在换尿布的时候会转动你的身体,您也许会觉得有点痛,我在这里先跟您说声对不起。"

尽管护理医师跟我父亲这样搭话,但他根本没有办法做出任何回应。由于他事先注射过止痛药,也许他并不会像想象中的那么痛。即便是在这样的情景之下,这位护理医师依然跟我父亲说话。他换完尿布以后,又跟我父亲说道:"大石先生,如果有什么事情需要我帮忙的话,请您再呼叫我。"说完,才拉开隔帘。

　　我一点也没有觉得护理医师有任何让人感到不愉快的地方，身为女儿的我感到很高兴。

　　纵使当时我的父亲已经意识模糊，对外界没有任何反应，直到生命的最后一刻，仍然有人愿意把他当作一个人来善加对待，努力维持他的尊严，再没有任何事情能比这更让我感到宽慰的了。

　　这件事情让我感受到，这就是认同他人的终极性存在意义。

本章总结

1 人们会因为自己的存在意义获得他人的认同而产生安全感。

2 较之结果，人们更加需要获得认同的是过程。

3 道声"谢谢"，可以将得到帮助的好结果传递给他人。

实践成果：

探析工作业务中拿手之事及棘手之事，
充分提升工作效率

——某大型电子机器制造商课长·女性·40岁

20年前，我供职于某大型电子机器制造商，几年前升迁至课长一职。我虽然带领了一个10人的团队，但是由于没能很好地分配工作，自己一个人包揽工作是常事，为此我很烦恼，希望整个团队团结起来完成工作。现在回想起来，当时完全不了解属下擅长和不擅长的地方。

了解他人和自己的模式的差异

还没有找出解决方法，我就已经步入二胎的产假之中了。当时我将儿子托付给托儿所，工作也进入休假，大概是因为产后身体状况不好吧，我一直感到十分焦虑不安。

我感到非常不安，产后直接回到职场上打拼真的没有问题吗？同样已经身为人母的朋友劝慰我道："家里面有两个孩子嗷嗷待哺还要出来工作，纵使变成"'恶婆娘'也是迫不得已的事情。"但是事实上我一点也不想让自己成为"恶婆娘"。

就在这时，我报名参加了山崎小姐的沟通训练研习营。

在为期两个月的沟通训练研习营中，让我感触最深的就是"每一个人都有自己不一样的模式"。有些人比较细心，有些人则大大咧咧，大家都不太一样。接受事物的方式，拿手与否的工作也都不一样。这并非孰好孰坏的问题，而是每一个人都遵循着自己的模式在生活。正因为如此，只要获取能够驾驭这些模式的方法，就能够让事情进展得更加顺畅。当时，我也第一次试着直面自我，学着揣摩自己的模式，学会接纳自己的弱点。

我发现自己不太擅长制作详细资料以及例行公事等工作。我也不太擅长配合他人的节奏。过去我总是按照自己的步调去工作，临到最后才猛然发现根本没有人跟上我的步调（苦笑）。

另一方面，我具备充足的行动力，可以在第一时间应对顾客的投诉；我能够冷静地接受现实，善于找出解决方案再立刻采取行动。

然而，我发现周围很多人都不太擅长应付客户投诉。我能够坦然应对这些客户投诉，但是有些人一听到客户投诉就会浑身不自在，会开始苛责自己，然后变得萎靡不振，甚至方寸大乱，不知道自己到底该如何工作，没有办法马上采取行动。当我发现这件事情之后，我突然明白自己应该怎么帮助这些下属，如何给他们下达指令才比较合适。

产后比生产之前完成了更多的工作

这样一来，在了解自己拿手和不拿手的事情之后，也就能够看见他人拿手和不拿手的事情了。

我在生完第二个孩子返回职场后，就改变了之前的工作方式。我一般每天只会工作到下午五点十五分左右，由于工作时间缩短，因此我每天能够完成的工作量有限，其他工作只能让下属员工帮我分担一些。这个时候，我会琢磨每一个人拿手与不拿手的工作领域，再将工作分配到适合的人手上，这样团队工作才会非常顺利。

当分派的工作属于自己拿手的领域，那么我们就不会感到痛苦。当我学会认同与自己不一样的模式后，也变成了一个能够从心底道出一声"谢谢"的人，我与下属之间的关系也变得越来越和谐了。

现在如果碰到自己不太拿手的，诸如需要制作详细资料等琐碎事务的工作，我会尽量交给他人帮我做。随之而来的就是，我不仅提高了自己的工作效率，也无须事无巨细地一个人包揽下所有的工作。虽然我的工作时间较之从前有所缩短，但是我完成的工作却比生产之前还要多。

除此之外，客观的自我审视，也让我领略到自己在体力和精力方面的上限，让我学会了如何在体力和精力到达极限之前及时转换心情或休假。如果我铆足干劲工作到自己的极限，并因此感到焦躁不安的话，身体也难以承受，无论是谁都不会干得开心。

这个时候，我的家庭状况也发生了一些变化。也许是因为我不再急躁，变成了一位应付自如的妈妈，所以当我生完第二个孩子回归职场以后，孩子们突然发烧的情况随之减少。第一个孩子出生之后，我只有在孩子身体抱恙时才会请带薪假期，而现在我有计划地将假期用在自己的身上，或者用在与家人一起共享天伦之乐上面。

参加沟通训练研习营都已经是八年前的事情了。每当我遭遇让我迷茫或是挫败的事情的时候，我就会记起我与他人的模式原本就不一样，如此一来便会向着认同自我、认同他人的方向继续前进。当时我在沟通训练研习营打下的认知基础真的给了我非常大的帮助。

第3章

巧用自己的优势，发挥团队合作能力

　　人类是一种在集团中寻求"这里是我的容身之处"的安全感的生物。希望自己最好能够获得他人的好评，**被他人需要、珍惜，还希望自己可以帮助到他人。**

　　如果大家能够发现这几个需求点，自己在一个团队里面的人际关系就会发生改变。

　　想来读者阅读到这里，都已经明白每一个人都拥有不一样的模式，那么互相认同彼此的模式就非常重要。团队协作便是自己的模式和他人的模式互补，彼此之间取长补短，双倍提高工作效率。

　　在这一章，我想分享给大家的是能够帮助诸位在参与多人协作的时候，如何让工作朝理想方向前进的关键性方法。

今年的活动

我想邀请专家来参加，

请他来解说最前沿的技术。

邀请搞笑艺人来贩卖区帮忙站台，你觉得怎么样？

我已经邀请专家老师了啊。

较之专家，搞笑艺人更有趣吧？

你说对不对？

这厮为什么多管闲事啊！

活动负责人可是我啊！

059

那我究竟该怎么办才好啊……

跟高桥君你扮演的角色有所重合了哦～

该拿那多管闲事的小子怎么办……

多管闲事

虽然这就是那个家伙的模式

我也遇到过类似的情形呢。

她呢，也许是因为知道我工作太忙，所以她就特别体贴我！

小菅

我和一个叫小菅的妈妈一起担任我儿子学校的家长会的副会长。

我也是因为想参与家长会的工作才加入的呀。

为什么小菅什么工作都不分派给我，而一个人就全部包揽到底了呢……

爱管闲事

我们自己定的模式，发挥的不一定只有正向作用。

有时候反而会造成诸多负面影响。

小菅与我一起共事的时候，我们两个人合不来。

如果换成其他人，也许彼此之间就会相处甚欢。

畏缩不前

得救啦

爱管闲事

多管闲事

所以，

我们需要配合具体情境进行自我调整。

我也想参与其中哦。

对不起。

模式 ON

模式 OFF

来回切换自己的模式 ON 和 OFF 是必要的。

那个人虽然喜欢多管闲事，但是因为我是活动策划人，

所以我也很想取得活动主导权。

搞笑艺人那件事情，我可以拜托你去处理吗？

咦？

忐忑

你的策划方案更加容易炒热现场气氛，这场活动才会更加容易取得成功。

大家一起努力吧！

好的！

01 时常确认目标

团队协作最重要的事就是全员目标一致。团队成员朝着共同目标，不瞻前顾后地各自开展工作。

正如漫画呈现的那样，参与学校家长会的工作时，对我而言小菅是一位不太好合作的搭档。事实上，我当时想让自己担任家长会的核心职位掌握主导权，但是当时的我却关掉了这个模式。我之所以能做到，是因为我看到了这个团队的工作目标。

家长会的工作目标是一切为了孩子，而不是让我实现自我价值的。既然工作是为了孩子和学校，那么让小菅来负责家长会的核心工作就没有任何问题了。

越是鼓足干劲工作，工作反而进行得越不顺畅的时候，不夸张地说，大多数情况是因为忘记了最终目标。

团队协作的时候，如果团队成员没有同一个目标，那么这个团队的工作进展就不会顺利。尤其是需要长期协作的团队，特别容易丢失目标。目标是什么？请你一定要不断地明确目标，这样的话，你就会知道自己该如何行动了。

　　大家朝着同一个目标努力，齐心协力完成一项大任务时所获得的喜悦，是一个人独自工作时所无法感受到的。一个人的力量只有一马力，而十个人的力量汇总在一起便是十马力。如果每一位团队成员之间能够互相产生正向影响，那么其发挥出来的力量肯定会超过十马力。

02 模式会因对象的不一样而产生正面效应或负面效果

大家是否也曾经遇到过类似我与小菅这种由于模式差异而感到难以共事的经验呢？

小菅是一名优秀的女性，工作能力很强，也颇有人望。即使当时的我忙得晕头转向，她也能够独自完成所有的工作。我原本就是一边工作一边参与学校家长会的活动，小菅如此稳妥，我非常感激。不过，直到某一天我发觉自己身处这样的情境之下，实在心有不甘。

在第1章，我曾经提及模式本身不分孰优孰劣。

在这里，我想要再补充一点，有时候，一个人的模式会产生正面效应，有时则会造成负面效果。事物都存在一体两面，由于与你互动的对象不一样，因此对方接受你的模式的方式自然也就会有差异。

我会对工作能力无可挑剔的小菅心怀不满，理由非常简单。那是因为我在其中不起作用，不被需要，这一点让我觉得非常难受。

如果我是那种对学校家长会活动提不起兴趣，或是压根就不想参加的人，那么，无论大小事宜都能够包揽到底的小菅就是一位"好人"。

然而，像我这种一边工作，同时也想在学校家长会的舞台上大放异彩，希望自己能够成为他人助力的人来说，小菅就会成为抢走我工作的"坏人"。

是的，我们时常挂在嘴边所谓的"好人""坏人"，实际上只是对我们来说是否有利的人罢了。

03 充分理解自己在团队中的角色

当团队合作开始时，我一定要做的一件事就是，让团队成员们说明自己是什么类型的人。举个例子，我会先询问他们以下几个问题：（1）你究竟想不想成为团队核心成员；（2）你会不会凭借感觉做决定；（3）你会不会直言不讳。话说前头，当一个团队合作得不太愉快的时候，大多是因为其中的某种模式产生了负面效应。

清楚了这一点，自己也能轻松察觉问题所在。此外，团队中的其他成员也能够看出"这个人想要成为团队的核心，一旦有人将工作分配得有条不紊，就会提不起干劲"，从而有意识地注意平衡工作方面的权利分配，然后就能够"将某些权责范围内的工作交给对方来做"，如此一来，确实能够让他人很好地发挥工作能力。

我属于有什么说什么的"直性子"类型，这在我担任英语会话培训学校讲师的时候，给团队本身带来了正面影响。比如，在讲座活动结束后的聚餐活动上，我会直截了当地表述自己的观点。当时的参会人员都会觉得这样的沟通模式非常舒适，对我说："很高兴能够得到您的个人建议。"不过，当我不是以教练的身份，而是以身为人母的身份使用同样的态度跟其他妈妈们沟通的时候，就会让人产生一种我在居高临下俯视他人的感觉，给他人留下不好的印象。

这是因为沟通训练研习营的学生党和妈妈帮友人群期望我担任的角色各不相同。针对妈妈帮友人们而言，我并非她们的教练。她们本来就没想过要从我这里征求任何建议，要是我贸然进言，反而会惹得她们心里不畅快。

顺便提一下，我了解这种模式。因此，我在与妈妈帮友人们交往的时候，都会预先说明道："我这个人属于那种想到什么就直言不讳的类型，虽然我并没有恶意，但是有时候也许会让人觉得我待人不礼貌。如果我让您觉得受到了冒犯，还请您直言提醒。"当我这样率先表态之后，就再也没有人对我说过"你说话的语气很冲"之类的话了。

团队工作的时候，请试着好好斟酌一下，自己在团队中应该扮演怎样的角色才能够让工作顺利开展。请思量一下周

围的人会希望你扮演什么角色，是期待你领导团队还是辅助
他人？除了你自己，也请你邀请团队中的其他成员一起思考
一下。如果能在项目开始推动之前，就对团队成员彼此需要
扮演的角色达成共识，那么就可以大幅提升整个团队的共同
战斗力。

　　反之，当工作推行得不顺畅的时候，你也可以试着暂时
关闭自己的个人模式。如果每一个人都能够重新审视自己的
个人模式，就可以帮助团队整体运作得更顺畅。

04 利用"私语赞赏法"提振士气

接下来，我要向大家介绍能够促使团队沟通更加顺畅的方法。无论是管理者还是普通员工，每一个人都可以灵活运用这个方法。

这个方法，其实就是直截了当地道出团队成员的优势与其存在意义。请你将心中所思所想直接告知他人，例如，"正是因为在○○的带领下，大家才能够更好地行动起来""幸亏得到了ＸＸ的帮助"等。

我们平常一般都不怎么向他人诉说自己内心的感受。团队成员之间彼此说出对方的长处可以鼓舞每一个人的斗志，团队整体氛围也会随之得到改善。

尤其需要注意的是如果团队中有人看起来"萎靡不振""工作好像停滞不前"，请你试着跟他聊一聊。此外，在座诸位也请思量一下，自己在和团队成员进行沟通的时候，是否也存在只知道批评或评判他人工作成绩的情况。

此外，通过其他人间接赞美对方也非常奏效。

举个例子来说，当你想要夸奖Ｂ时，不仅可以当面夸奖，也可以跟A说："多亏B这么拼命工作，帮我解决很多燃眉之急。"一般来说，A都会告知B："山崎女士说过这样的话哦。"我将这种方法称之为"私语赞赏法"。

当面获得他人的赞美固然欢欣，实际上，当一个人得知曾经有人在背后夸赞自己，一定会感到更加欢欣鼓舞。当我们不断地在他人耳边营造出很多让对方觉得自己派上了用场的话语情境，那么这个人就会持续努力工作。

如果团队成员之间说的净是些负面和否定的话语，大家就会越来越畏缩不前，再也没有人愿意提出自己的建议。这样的团队没有办法创造出优良的产品、服务或创意。反之，团队氛围越好，业绩也一定会越来越好。

05 巧用彼此的"优势"打造双倍效果

每一个人都有优势。听到"优势"一词，我们常常误以为指的是较之他人更加优秀的能力，但是实际上并不是这样的。当我们留意到自己平常司空见惯的模式，能够在需要使用这种模式的时候派上用场，那么这就会变成我们的优势。

接下来，我希望诸位读者能够与我一起好好审视一下自己的"优势"究竟是什么，这样的话，你就能够定位自己在团队中的位置了。

当被问及"请你列举出自己的十项优势"的时候，大家能够毫不犹豫就回答出来吗？

以前我在妈妈帮沟通训练讲座中也会布置这个作业，让学员们写下自己的优势，一开始大家都写不出来。没有意识到自身的优势，这实在是太可惜了。

如果想要找出自己的优势，我建议大家多问一问你的部门领导、同事、朋友或家属等身边的人。如果你总是觉得"难以启齿"而迟迟没有采取行动，那么你就吃哑巴亏了。

除此之外，当获得他人赞美的时候，就不要谦逊地说出

"没有这样的事啦"这种话，而是要试着反问"真是这样吗？具体是指哪些事情呀？""比如，哪些方面？"要一五一十地向对方打听详情。有时候，你自认为是缺陷的地方实际上可能正是你的优势。

我曾经非常讨厌自己的嗓音，不仅不似播音员的嗓音那般动听，还有些沙哑。然而，始料不及的是，有一次朋友居然夸赞了我的嗓音："您的嗓音不高也不低，可是听起来非常顺耳，是很动听的嗓音。"从此以后，我就接纳了曾经连我自己都非常讨厌的嗓音，并将它视为我的优势。这样一来，也不断有沟通训练研习营的学员对我说："很喜欢您的嗓音。"嗓音原本是受之父母的先天性礼物，与自己的后天努力没有关系。正因为如此，自己几乎注意不到，自然也就难以发现它的特性。

像上述这样不断地去接触他人眼中的自己，你也许就会得到意料之外的收获。当在座诸位发现自己的优势的时候，它就可以成为你的武器。

我曾经不愿意接纳自己的嗓音，直到某一个瞬间有人对我说出它听起来非常顺耳，那时它就变成了我的优势。我们不用刻意追求本来不具备的能力，只要我们发现自己本来就拥有的自我特质，并且充分认同它就可以了。

在本章的最后，有一项能够帮助你找出自己优势的课题。请大家一定要试着去做一下。

接下来，我想要介绍一个真实案例，他们凭借团队成员巧妙运用彼此的优势，最终取得了成功。

有一位女性员工负责活动策划及运营，她所在的部门有一位男性员工，比她小三岁。这位男性在投入工作的时候非常热情，是一位十分出色的员工，他对改革事务性工作有很多的想法。但是在这个职场上，因循旧制完成现有工作的风气十分强烈。无论对方是谁，这位男职员每一次都会当面顶撞对方，责问他们："这种工作方法到底该怎样继续展开工作？你们工作的时候都在关注什么地方啊？"

因此，纵使他拥有出类拔萃的才能和见解，部门领导对他也多是负面评价，觉得他"缺乏上下级观念"，他提出的建议完全不被采纳。然后他就会更加感情用事，开始与周围的人斗来斗去，陷入恶性循环。

后来，他们两个人搭档组建了一个团队，周围其他人都对这位女员工说"你和他搭档肯定会非常费劲"，大家都十分同情她。

事实上，他们搭建团队后，他还是口不择言，刚开始的时候确实非常费劲。不过，她觉得他的工作激情、策划能力、工作效率等方面实在是令人惊异，然后逐渐认同了他的能力，并不断跟他说"你太棒了""你真的才略过人"。

再接着，他也开始指出她的优势，赞赏她："前辈您在这方面很有才能。"两个人了解彼此的优势，双剑合璧，不断地做出成绩。他们组队共事了两年，一起完成了好几个独一无二的全新策划案。

她跟我说："周围的人都非常惊讶，为什么我能够跟他合作顺畅，而且觉得我们之间感情还不错。不过，事实上我们并不是性情相投，只是我们认准了同一个目标，取长补短，互相**认同彼此的优势**罢了。我们正是因为做到了这一点，才能出色地完成工作。"

06 承认自己的缺点，让实力倍增

请诸位看一看这幅图，一个是周周正正的圆形，一个是存有些许缺陷的圆形，你会更留意哪个图形呢？我想应该是那个有些许缺陷的圆形吧。而且大家会留意的实际上是缺陷部位。虽然大部分都是圆满的，但是我们更容易留意"欠缺"的地方。人也是如此，总是禁不住去留意缺点。

缺失部分引人注目

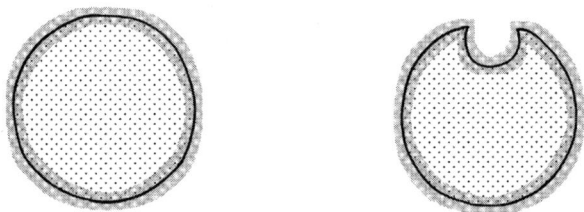

虽然我在前面的章节谈的都是优势，但是，实际上一个人最容易认识到的反而是劣势。自己做不到和没把握的事情委实让人介怀。当被问及"你不拿手的事情是什么呢？"的时候，你是不是马上就能回答出来？

接下来，我想告知诸位的是，别太介意自己的缺陷或缺欠的部分，我们只需要接纳"原本的缺陷"，就能够借助周围其他人的力量。

一个社会人投入工作的时候，没有办法只做自己拿手的事情，也许还需要负责不拿手的工作，比如写策划、做发布、整理会议记录、带领团队。不过，当我们碰到自己不拿手的工作时，有一个方法可以解决这个难题。

我不善于马上推进手中的工作。有时候别人委托我写稿，得知交稿时间的时候，我会满口爽快地答应"好的，我明白的"，但总是拖延到快要截稿时才开始动笔。

为了解决这个问题，我会在记事本上记录截稿日期，也会事先告知责任编辑："麻烦您将交稿日期设定得比真正的截稿日期稍早一些。"

如果编辑和我的交情不错的话，我会拜托他在距离截稿日期还有几天的时候就向我催稿。也许在座诸位会觉得"这样一来不是太麻烦对方了吗？"但是，我若拖稿超过了截稿日期，反而会让编辑更加为难。能够最大限度抑制自己的缺点，是一项十分重要的技能。

向他人坦言自己的缺点，及时向他人求助，有时候反而会更容易做出成绩。一个人单打独斗虽然也很重要，但是懂得适时依赖他人，也是作为社会人需要懂得的重要工作技巧之一。工作能力越强的人，越是懂得如何堂堂正正地承认自己的不足之处，并且懂得如何寻求他人的帮助。

不擅长之事也是我们的模式之一，这句话的意思并非不擅长就不用努力了。只是希望大家了解一件事，坦荡地承认自己的不足之处，反而能够让工作推进得更加顺利。这既不是"豁达大度"，也不是"自暴自弃"，而是对无能为力的自己的一种妥协。

接下来我将分享的是一家企业的女性员工的故事。

她说公司里有一位同事，没有人比他更能干、更有才华。然而，她经常替这位才华横溢的同事感到惋惜。

假设这位同事的工作能力有一百分，他是一位无论干什

工作能力突出，但是　　工作能力一般，但是
自尊心比较强　　　　　能够借助他人的力量

么工作都能够做得非常出色，取得满分成绩的人才，但是他
的自尊心非常强，不接纳他人的建议。因此，没有办法做出
超越100分以上的成绩。

　　尽管如此，也不是人人都可以取得100分的成绩。举个
例子来说，工作能力只有50分的人应该怎么做才能成功呢？
实际上并非只有努力弥补自身不足这个方法，还可以向身边
的人求助。"我想做这件事情，您这边有没有什么好的建议

呢？""我想开展这个工作，您这边认识熟悉相关咨询行业的人吗？"像这样询问周围其他人的意见，也许能够帮助我们顺利完成100分甚至是150分的工作。

有很多人都对我说过："山崎小姐，你特别善于请别人帮忙做事。"

说得对，我就是那种工作能力只有50分的人。我回想一下，以前的我曾经借助过很多人的力量，借此取得远超自我实力的工作成果。

优秀的工作成果往往不是凭借自己一个人的本领独自完成的。过度的自尊心往往会妨碍自我成长，限制人生的可能性。

如果你想超常发挥工作能力，就请暂时放下自尊，尝试着去倾听他人的意见。不要与他人斗来斗去，试着接纳他人的意见，接受他人的帮助。

07 全力发挥自己的才能

曾经有一个人对我说过一句话："我们天生就拥有某种才能。

"举例来说，假设我们每一个人一出生就拥有五种才能。但遗憾的是，山崎小姐，你拥有的才能较之他人少了一种，只有四种而已……"

听到他对我这么说的时候，我以为是他弄错了。我既擅长在人前讲话，也得到很多人的支持，而且还出书了。毫无根据地自我感觉万能。这么看来，我天生应该比别人多一种才能才对。

不过，那位朋友接着又说了下面的话。

"但是，你的四种天赋才能全部都发挥出来了。很多人纵使拥有五种天赋才能，却未必全部都发挥出来呢。"

话音刚落，我回答道："你说得对，我全部都发挥出来了！"数字顶多只是譬喻。我拥有的四种才能——"擅长在人前说话""善于拜托他人做事""善于接纳自己的不完美""善于以幽默感将危机及时转化为欢声笑语"，我十分有自信地将其全部运用到工作中来。

诸位读者都能够发挥自己所拥有的才能（优势）吗？是否总是注意到自己的不足之处，悲叹自己的无能，拼尽全力想要补足自己的缺陷呢？

你肯定拥有自己尚未发现的杰出才能。请诸位读者从今天开始试着审视自己，只要做到这一点，你的未来肯定会发生改变。

本章总结

1 一个团队需要设定共同目标，并迎合时宜转换模式。

2 充分了解自己在团队中的定位，发挥各自的优势。

3 认同自己的不足之处，借助他人的力量。

课题2

找出最接近自己的5个"关键词"

挑战	精神	领导力	理想
竞赛	行动	改变	影响力
成长	名誉	赞赏	果断
速度	工作	理想	成功
完成	目标	领袖	感性
创造	个性	苦心	自由
兴趣	粗犷	讲究	坦率
人脉	外向	独特	自我表现

大家所选择的5个关键词，就是你个人的行动力来源。你的优势、理想、价值观等观念可以从这5个词里面窥探出来。另外，这些词组的反义词（相反的词语）就可以看作是你的劣势。团队合作时，试着借助周围其他人的能力吧。

请从下列词语中选择5个"跟现下的自己最接近，最感同身受"的关键词。请注意选择的时候必须忠诚于自己，以直觉选择即可。既不要被词语给人的第一印象所限制，也不要过于深思熟虑。

享受	随机应变	乐观	爱
家人	搭档	援助	贡献
诚信	和谐	包容	亲切
共情	笃信	交流	踏实
自立	淡定	忠诚	忍耐
分析	冷静	战略	规划
谨慎	责任	正确	正义
知性	精通	中心	感谢

（再试试看）
● 请部门领导与同事看一看你选择出来的词语，请他们给你评语。
● 请部门领导与同事也选一选，了解其中的差异。

重点 优势与劣势是一把双刃剑，是明确辨认团队内部成员各自角色的指向标。

课题3

关注自己的"优势"吧！

A 写下自己的10个优势。

B 向周围的人（最少3人）咨询你的优势并记录下来。

　　C是"你自己从未发觉的优势"。不要理所当然地无视它，而是要有意识地去发挥你的优势。反之，D是"周围其他人尚未察觉的你的优势"。当你遇到能够发挥这些优势的工作时，请你积极行动起来。

利用前面已经找出的关键词，进一步挖掘你的优势吧。

C 写下**B**中**A**所没有的优势。

D 写下**A**中**B**所没有的优势。

重点 发掘只有自己或周围其他人才知道的优势，人生的局面就会更加广阔！

第4章

多与他人接触，扩展自己的潜能

当我们因为人际关系感到疲惫不堪的时候，事实上大多数情况下，都是我们被自己的"臆测"弄得不知所措。在座诸位是否也有过类似的经验呢？有时候只要别人稍微面露不悦，我们就会担心自己"是不是被他嫌恶了"，然后刻意保持距离。

在第1章我曾经跟大家说过，这个世界上肯定存在与我们相处不融洽的人，但是很多人过于急迫地切断自己与他人的关系，为此我感到非常惋惜。

当我们感到"这个人好像跟我合不来"的时候，如果你试着去好好沟通，也许反而能相处融洽，这样的例子屡见不鲜。从这样的人际关系中可以发展出崭新的机会。尤为重要的是，与他人接触，对于我们的个人成长多有助力。

那个，今天的行程安排，是将报价单送去A公司吧。

见积书

可是，上次的方案根本没有任何成效。简直就是白费力气……

接下来，试着给B公司打个电话吧！

但是，现在打电话过去的话，只会给他们徒增麻烦，还是不打了。现在正值上午，也许对方正在忙呢。

那边投诉过的顾客，必须去向他赔礼道歉才行。

但是，他之前非常愤怒，我去道歉的话会不会反而火上浇油呢？

真是这样吗？

这几乎就是事实呀。

话虽如此

臆测？

只是你自己心里这么猜想而已，又不是事实。

嗯，请你一定要去试一下。

那么……

我去试试看

既然你把话都说到这个分上了

上次，上次的事情，我真的感到非常抱歉！

我是乙公司的高桥。

叮咚！

咔嚓！

嗯当！

01 不要被自己的任意臆测弄得不知所措

我们每一天都会被各种各样的臆测弄得不知所措。

接下来讲的是某企业一位女性职员的故事。在一个部门，有一位比她大5岁的老员工。这位老员工特别擅长照顾他人，会给予职场新人周详的建议和严格的指导。但是不知为什么，这位老员工没教过她任何东西。不仅如此，甚至不怎么主动搭理她。

有一次，她不由地产生这样的想法："为什么这位前辈只对我放任自流，而对其他人给予各种各样的建议呢？这位前辈不会是讨厌我了吧？"

大家应该都经历过这种在脑海里自言自语的情境。但是这一切只不过是我们毫无根据的解释与臆测，并非事实本身。她感到特别颓丧，因为这个负面臆测让她觉得自己被他人全盘否定了一般。

然而，当她鼓起勇气向这位前辈打听事情的原委时才发现，这位前辈之所以不干涉她而让她自己处理手上的工作，是因为这位前辈非常信任她。

　　向他人确认原委之后，我们才会恍然大悟，"我的天哪！原来是这样子啊"，这跟自己的猜测完全不一样，这种情况还非常普遍。禁不住在脑海中开始猜想的时候，请先扪心自问："这是事实吗？还是我的猜测？"

　　此外，如果情况允许的话，请向对方确认事情真假。如果不方便询问，请你停止臆测，并告诉自己："我不确定这是否属实，就算我再怎么介意也于事无补。"这一点很重要。

　　女性容易产生这种无端猜疑的心态，相信诸位读者理解了这一点之后，你跟他人的相处方式想必也会随之发生改变。

02 他人自会决定"是"或"否"

在我的沟通训练研习营的学员里面，有一位男生从事销售工作。向客户进行电话营销正是他的工作，但是他总是担心"对方会不会正在忙着？""我这样打电话给他会不会让他感到困扰呢？"因而不敢给客户打电话。

当时，我就跟他说："'**接受**'或'**拒绝**'是由对方来决定的，而不是由你来决定。"

你给客户打电话的时候，先询问对方"您现在方便接电话吗？"如果对方正在忙，他会告诉你"现在不太方便"。接下来你只要改日重新打过去就好了。

这位学员在给客户打电话的时候，心里必然存有"惧怕听到他人的拒绝"的想法。无论是谁，一直遭到他人的拒绝，肯定会感到颓丧，并且会产生"下次可能还是会失败"的自我怀疑，甚至恐惧给客户打电话。

然而，这并非"你的问题"，可能只是打给客户的时机不对，或是推销的产品、服务跟他人的需求不符，很多事情并非只要付出努力就一定能够解决。

假如你认为这些拒绝都是针对自己而来的，那么你必然会感到难过痛苦。只要你能够将这些事项彻底分割开来进行思考，那么你采取行动的时候就不会再感到迷茫，工作也会慢慢地走上正轨。因为每一个工作的机会都来自"人"。**巧妙利用形势的人，是不畏惧与他人碰撞并主动拓展人脉的。**

那位找我商量的销售学员听过我说的"对方自会决定接受还是拒绝"这句话之后，回来跟我反馈说，他彻底转变了心态。听了他的话，我非常高兴。

很多人害怕他人的拒绝，在以体贴为名的顾虑下，逃避与他人接触。

"对方好像非常忙碌，所以一直没有邀请他一起吃饭。"

"我想你肯定不感兴趣，就没和你说。"

以上种种皆是我们的肆意猜想，都是自以为是的体贴。在这些情境中，请告诫自己，先试着向对方询问一下看看，对方自会决定接受还是拒绝。请你一定要先试着去和对方接触。

在此我想向大家介绍一下柳生家族的家训。柳生家族曾经担任德川将军一族的剑术教头，他们家族的家训里面的几句话也是我最喜欢的话语。

小才遇缘而不识，

中才逢缘而不用，

大才小缘而用之。

这段话的意思是：没有什么才能的人，即便是遇到了好缘分也认识不到；普通的人纵使遇到好缘分也不能善加利用；心怀大才之人，即便只是萍水相逢，也能够好好利用这段缘分。

无论是相处不太融洽的朋友，还是投诉的顾客、客户，只要主动与对方接触，很多时候都会取得出乎意料的转机。明明有机会打开一扇新的大门，如一味畏缩不前，那真的太遗憾了。希望诸位读者一定要好好珍惜与周围人的关系。不畏惧与人碰撞，好好珍惜从中遇到的每一段缘分。

回顾往事，我也是因为一直以来都非常珍惜身边的每一段缘分，所以才取得了今天的成绩。我身边的人给我的机会与工作，远远超过来自远方陌生人所给予的。

03 爱是回力标，需要先主动丢掷出去才能返回来

在人际关系中，我常挂心上的是"首先要主动采取行动"。

较之帮助他人，我们更愿意得到他人的帮助。较之主动跟他人搭话，我们更希望他人跟自己搭话，也希望他人能注意自己。但是因为我们没有办法掌控他人的行动，所以需要先主动释放出友好讯息。

"爱是回力标"，首先需要主动丢掷出去才能够返回来。自己的付出总有一天会回报到自己身上。特别是有很多人无法和相处不融洽的人交流，愈是这样，愈发会陷入不相往来的恶性循环。正因为相处不融洽，才需要主动向他人搭话。我们并不需要有愉快的谈话，只需先试着跟对方主动问候一声就行了。只要做到这一点就行了，请坚持下去。

我担任儿子所就读小学的家长会干事一职的时候，当时有一位委员长叫阿岩。我与阿岩第一次见面的情景富有冲击力，令人记忆犹新。那个时候，阿岩朝着在家长会任职的我们咆哮："这太离谱了，这违反规则了！"她说的话没错，但是实话实说，当时我的感觉是"这个人太难相处了！"

　　翌年，阿岩的儿子与我的儿子被编入同一个班级。我在心里"呜呼哀哉"发出一声悲鸣，但是我也不能不搭理她。我试着主动跟她搭讪，尝试着跟她正面交流之后，发现她也不是我想象中那般不堪的人，况且她在开展家长会的工作时特别尽心尽力。

　　阿岩的模式是，只要一激动就会对周围的状况失去判断，有如无头苍蝇一样到处乱转，她自己也有自知之明。

　　我非常认同阿岩的热心肠，并对她说："真的非常感谢你为大家当了这么多年的义工，没有几个人能够像你这般尽心尽力的。"听我这么说，阿岩也对我敞开了心扉。随后我对她说："只不过太过拼命而和别人打起来太不划算了。"她也打心底里接受了我对她的建言，对我说："若是我又热血冲头莽撞起来，可得麻烦你阻止我啦。"

　　每逢开会，只要阿岩开始激动失控时，我就会劝阻她道："到此为止，阿岩，你太激动了哦。"我们也因此变成了非常要好的朋友。自从孩子小学毕业后，当时结识的妈妈友人几乎都断联了，但是阿岩却是一直还与我保持情谊的朋友之一，阿岩现在还会到我的家里帮助不擅长整理的我料理家务。

倘若当初因为我觉得阿岩妈妈"似乎很难相处"而选择远离她，那么我们也就不会像现在这样感情甚笃了。人与人之间，不先试着交往一下是难以妄下定论的呢。

04 每句话的开端都要从"肯定"开始——"肯定法则"

这里还有一个能够处理好人际关系、能够帮助我们建立互相信赖关系的重要准则。那就是在跟他人对话时，**应答他人的第一句话一定得表达"肯定"的意思。**

我们与他人的意见产生分歧时，常常会先说"可是"或"不是的，话可不能这么说"等语句加以否定，然后开始争论。然而，一旦被否定，对方就会觉得"你不明白我的感受""你不理解我"，继而就会即刻关闭自己的心扉。一个人一旦关闭心扉，想要让他再次打开心扉简直难于上青天。

这个时候最重要的是，我们无须赞同对方的观点，只需要给予"肯定"反应、"尊重对方的心情"。让我们先从接纳对方的感受开始做起吧。

我在英语会话培训学校工作的时候，经常接到客户投诉。来投诉的客人不仅令人左右为难，有些人甚至是让人根本就不想接触的对象，不过，当时我特别善于应对此类客户投诉，原因就在于我巧妙地利用了"肯定法则"。

有一次，一位学员的妈妈气冲冲来到学校闹事，对我说："我将儿子送到这里学习，结果他的英文成绩丝毫没提高！把学费退还给我！"现在有些补习班或美体课程可以中途解约，但是当时只有冷静期制度（消费者在正式购买或签约后，如果对商品不满意，可以在一定期限内退货或退费）。当时的情况基本上都是一次性付清半年或一年课程的学费，如果要退费实在十分困难，因此我需要说服客人不要退款。

这时，倘若我对这位妈妈说"不行，就算是这样，我们也没有办法答应您中途解约"，恐怕她只会更加愤怒吧。

所以我就选择先以"肯定"来回应她的问题，先试着接受她的心情，我跟她说："您说得没错，您肯定非常期待自己的儿子在这里学习后能说一口流利的英文，所以您才从众多学校中选择了我们。但是学习成效却没有达到您的预期，您肯定感到失望。"请诸位读者注意，这时最重要的是要**尊重对方的心情**，而不是与之争辩对方的观点正确与否。

紧接着我趁热打铁："您并没有通过打电话，而是专程赶来学校一趟，非常感谢您。"（主动开口向对方道谢。）

"情绪"和"正确性"

　　无论对方多么愤怒，若是听到有人对自己说了"谢谢"，一般都会觉得："那个……其实刚才我的话说得有点过火了。"这位妈妈也是这样，她听到我这么说之后，她的满腔怒火顿时消退了一些，心扉也渐渐敞开。

　　这个时候，我才劝慰她道："这位妈妈，实际上学习英文，是需要花时间的。"

　　我们一定要**在接受了对方的心情之后，再告诉对方事实的真相**。

　　这是因为，即使我们说的话正确无比，但是也无法让一个紧闭心扉的人接受我们说的话。

05 来投诉的客人也会成为忠实用户

我与前面提到的那位学员妈妈聊了半个小时，最后她接受了我的建议，改变主意说："我明白了，既然我儿子都已经开始学习了，那就让他再继续学习一段时间吧。"还续签了半年合约。又对我说："既然都来到车站了，那干脆就从提款机取钱出来付学费吧。"她一次性支付了数十万日元的学费之后才回家。之后她还利用"亲朋推荐项目"，推荐她的朋友来上课。

在这个案例中，可以看出设身处地地接纳对方的情绪，的确是与他人交流时十分重要的事情。

客户投诉存在许多不一样的类型，无论客户投诉的是什么样的内容，都可以利用"肯定法则"来巧妙解决问题。比如，当客户针对不良商品提出投诉的时候，肯定抱着"对这个产品充满了期待""很想使用这个产品却没有办法使用，因此感到扫兴"等情绪。一般情况下，客户不会直接表达出这些感受，只会先借机宣泄满腔怒火。因此，我们可以先跟对方这么说："您肯定是带着满腹期待才购买了这件商品，让您感到失望，真的非常抱歉。"**以"肯定法则"设身处地地接纳客户内心深处的不满情绪**。可以说来投诉的客户其实都是真正的客户。就拿英语会话培训学校的那位妈妈来说，有时候来投诉的客户反而更容易成为你最忠实的用户。

本章总结

1 思考的时候需要区分个人臆测与事实真相。

2 爱是回力标，首先需要主动丢掷出去才能够返回来。

3 在对话开端用"肯定"的回答回应他人，接纳他人的情绪。

实践成果：

主动靠近，与性情不相投的部门领导
搞好关系

——大型玩具制造商策划部·女性·30岁

哎呀，今天的她看起来仍然怒火冲天……

我与一位女性部门领导相处不融洽，这让我感到特别烦恼。三个月左右，我与她一直处于关系紧张的状态。

10年前，我进入这家大型玩具制造商，现在在企划开发部工作，所在部门有14名成员。大约从四年前她开始担任我的直属上司部长一职，她的情绪波动大。本来我与她就相处得不太融洽，后来让我们之间的关系恶化的事件是我提交了调动工作的申请。我长年累月待在同一个部门工作，这让我开始想要转调到其他部门去工作，但是这似乎让我的这位部门领导非常不愉快。

我们两个人的工位明明靠得很近，她却总是用公司内线打电话给我，还总是怒斥我："这件事情究竟做得怎么样了？你快给我详细汇报一下！"有时候她还会不声不响地走近我的工位悄悄视察我的工作，我和男同事说几句话她也会不开心。

我知道部长讨厌我，所以我很难和她搭话，尽可能地不和她接触，保持一定的距离。部长感受到我的态度，对我的态度愈发不好，把我当成"不可爱的下属"来对待。我们的关系就这样一度陷入恶性循环。

正当我为如何改善这种状况而烦恼时，经朋友的介绍，参加了山崎小姐的讲座。我是两个孩子的母亲，最初参加讲座是因为母亲的身份。但随着讲座的推进，我发现也适用于我和部长之间的关系。

"爱是回力标"这句话成为突破口。爱是付出。不计较得失地付出，总有一天会回报回来。

我牢记这句话，下定决心主动靠近部长，坦诚地面对部长。

没有上司会拒绝坦诚敞开心扉的下属

冲撞与自己不对付的人是相当需要勇气的一件事，而一日身处公司，就一日无法断绝和上司的关系。

我一直等待和部长说话的机会，这时部长刚好独自一人，于是我走向部长，和她搭话。

"部长，我有些话想说……"

部长一脸戒备。面对数月以来第一次突然的搭话，惊讶也是理所当然的。

"我能和您说几句话吗？因为最近都没怎么和您好好说过话呢。"

部长僵硬的表情没让我退缩，我就这样说了。

部长的性格像姐姐，喜欢照顾比自己年轻的小辈。我与她打了很多年的交道，了解她的模式，所以我告诫自己，一定要注意自己身为下属的立场。我为之前的态度向她致歉，并向她坦白承认自己的工作成绩不太理想，尚有许多做得不尽如人意的地方。

最初部长那如芒刺在背的表情也渐渐温和起来。

东拉西扯，我们聊了大约半个小时。我与部长已经很久没有这样面对面地促膝长谈了。最后她还嘱咐我："咱们一起努力吧。"

我长吁一口气，同时也领悟到一件事情，纵使两个人再怎么性情不相投，天底下也没有哪个部门领导会拒绝主动向自己开诚布公的下属。

自那以后，我与部长之间的紧张关系就有所改善，一切工作也轻松多了。部长也不会再因为一些子虚乌有的事情而训责我，我也开始积极主动地与她沟通。

爱是回力标。我切实感受到人与人之间的关系好坏全凭自己的行动。

第5章

与自己的情绪友好相处

我们是凭借自身情绪感受而采取行动的"感动"动物，会受到情绪的驱使。一个人除了被内在情绪驱动之外，还会受到他人情绪的影响。

在第1章，我跟大家讲述过各种情绪模式之间的差别。只要发现自我情绪模式，我们就能够学会与自己的情绪友好相处。此外，了解他人的情绪模式，就能够不被他人情绪影响。

在本章中，我会着手解决"愤怒"和"挫败性情绪"所带来的问题。因为工作的时候，我们常常被这两种情绪耍得团团转。

119

换言之，晾衣架上的那件衣服，白天和晚上明明是一样的状态。

焦躁 焦躁

我老公因为心情的变化，时而视而不见，时而感到愤怒，仅此而已。

高桥的工作也是如此，明明一切都是依照领导的指令在进行。

焦躁 焦躁

报告书

这一切都是因为部长心情的变化，时而觉得没有关系，时而感到非常愤怒。

120

121

01 愤怒与否由我们自身来决定

首先，我想要先和大家聊一聊"愤怒"。愤怒本身具有很大的负面能量，所以无论是承受他人愤怒的人还是发火的人，本身都会感到疲惫不堪（据闻一个人愤怒的时候会消耗通常情况下的四倍能量）。不过，愤怒本身也是一种至关重要的情绪。愤怒甚至能够改变世界，因此请不要误以为愤怒都是消极的，希望在座诸位都能够学会如何跟它友好相处。

前面的漫画中曾经提到过，某一天，我跟家里人一起外出后回到家中，我先生看到晾晒在客厅的衣服，就开始发牢骚道："这件衣服的晾晒方法，我实在是看不顺眼。"从早上开始那件衣服一直都那样晾晒在客厅里，但是早上他看到的时候明明什么也没说。是的，早上的他选择了"不愤怒"，晚上回到家里看到同样的情况后，他却选择了"愤怒"。

实际上，让他愤怒的并不是那件衣服的晾晒方法，也不是晾晒衣服的我。那么，究竟是什么让他愤怒？

其实，我们愤怒的原因往往并不是他人所致，也不是外在环境所致，而是由我们自身来决定的，请你务必记住这一点。换言之，纵使在相同的情境之下，也存在愤怒与不愤怒两种可能性。有人会愤怒，有人则不会。

同理，对方之所以会感到愤怒，不是因为你让他感到愤怒，而是对方"自作主张"对你的言行发生反应，从而感到愤怒。有时候也许只是你正好撞上对方心烦意乱的时候，他人就此迁怒于你。

愤怒是他人的问题——只要你能够"辨别"这一点，我们就不容易受到来自周围其他人的负面情绪的影响。

在此，我希望在座诸位明白一件事情，我们能够自由选择怎么应付他人的言行。当时我大可以选择对我先生发出河东狮吼："你既然如此介意，那你就自己去晾晒啊！"不过，当时的我选择了从容应对，我这样回应了我先生的抱怨：

"这样呀？原来你非常介意那件衣服的晾晒方法呀？（认同）早上我有点手忙脚乱，倘若下一次你能够在我晾晒衣服的时候帮我一把，那真是谢天谢地了（表达自己的想法）……"

洞察出他人愤怒的原因之后，我们就能够改变自己的应对方式。

02 认识愤怒背后的真实感受

每当我们气得失去理智的时候，想要摆脱愤怒的控制十分困难。只要我们明白情绪产生的机制，就能够减少很多没有必要的愤怒，顺利转换自己的情绪。只要能够做到这一点，情绪就会发生很大的改观。

接下来，我想要向诸位读者解析一下情绪产生的机制。在心理学中，愤怒被称为"复合情绪"。换言之，愤怒并不是某种突然出现的原始情绪，而是其背后隐藏着某些真正的情绪，也就是"基本情绪"。

愤怒背后隐藏的基本情绪，是期待、担忧、悲伤（更加详细划分的话还存在其他情绪）。比如，愤怒背后可能包含着"这种程度的工作你应该办得好"的期望，或是对于"需要重新开始"这件事情感到懊丧，又或是他人没有在约定的时间准时赴约，于是就禁不住开始担忧"他会不会发生了什么意外"等等。

愤怒的背后往往隐藏着这些感受，因此当我们感到愤怒的时候，我们应该做的事情并非努力压制愤怒，而是应该仔

"基本情绪"与"复合情绪"

细审视愤怒背后隐藏着的情绪。

每当我们对某个人感到愤怒、焦躁不安的时候，请试着找出愤怒背后的真正感受，有可能是"由于我对团队成员抱有期望""我觉得自己没有得到重视所以感到难受"，并在心里充分认同这些感受。只要能做到这一点，就能够传递自己内心深处真正的情绪，也就不再会向他人大发雷霆。

这件事情是我在上高中的时候，从妈妈对待我的态度中察觉出来的。

03 情绪是用来表达的，而不是用来发泄的

那是我就读高中二年级时候的事情。当时我与一位就读于不同学校的朋友写交换日记。

某一天，我与那位朋友约定了晚上九点钟以后面对面交换日记本。我的家人们一直都习惯早睡，我出门的时候也会关上灯，那个时候整个家里静寂无声。

我悄悄地跑到家门外，和朋友见面之后返回家里。整个过程只有15~20分钟。

但是，当我回到家里的时候，我发现出门时顺手关掉的玄关处的电灯却是亮着的。

"糟糕！妈妈起床了，她肯定会对我在这种时间出门的事情大动肝火！"我做好被妈妈训斥一顿的心理准备，轻轻打开玄关处的大门。一旦被妈妈发现，她肯定会破口大骂："洋实！这么晚了你出去干什么！"

但是，妈妈对我说的第一句话与我想象中的不一样。

妈妈并没有对我破口大骂，而是向我传递了她的情绪，她对我说："很好！你总算回来了。"当我明白妈妈对我的担忧

情绪之后，我在心底检讨自己，如实地承认错误并道歉："妈妈，对不起。"

我当时正值青春期。倘若当时妈妈对我大发雷霆，我肯定会顶撞她："真啰嗦！这有什么大惊小怪的啊！"

愤怒是一种难以让他人接纳的情绪，容易诱发他人的反击。如果我们能够传递出自己心里真正的感受，他人就会明白我们很珍视他（这也属于存在认同的一种）。切记，安全感能够让他人采取积极行动。

04 越是亲近的人，越是容易引发我们的愤怒

一个人与我们越是亲近，就越是容易激发我们的怒气。

我想跟诸位读者分享一个情境。请大家在脑海里想象一下，在你的房间里有一块巨大的地毯，由于这块地毯太大，没有办法用家里的洗衣机清洗。但是这块地毯有一段时间没有清洗了，恰好今天天气晴好，于是你特地花了15分钟赶往远处的洗衣店，委托店家将家里的这块地毯清洗干净。

当你正感叹"地毯总算洗干净了，神清气爽"的时候，弟弟正好来家里串门。

弟弟一屁股坐在地毯上，开始喝果汁。下一刻，果汁打翻在地毯上。

这种时候，你会作何反应？你会朝弟弟怒斥"你在干什么！地毯刚刚才洗干净！"吗？

如果来到你家做客的是一位你非常尊敬的名人呢？你肯定不会愤怒，可能反而会说"不要紧"，甚至还会关切他人道："您的衣服没有弄脏吧？没有问题吧？"即使他们都把果汁打翻在地毯上，但如果打翻果汁的人是从小跟自己一起长

大的弟弟，你就会大动肝火。

这种情形我称之为"愤怒指数飙升（易怒）"。家人等跟我们越是亲近的人，就越容易导致愤怒指数飙升；倘若他人与你越是疏远，你的愤怒指数就会越低。

企业内部也一样。直属部门领导，一起共事的同事、职场新人等，但凡与你越是亲近的人，越是容易引发你的愤怒。原因就在于我们会不由自主地对我们的亲近之人抱有更高的"期待"。

我们没有办法将愤怒清零。不过，明白了前面所说的愤怒发生机制之后，我们就能够逐渐减少生气的频次。请诸位读者试着留意自己愤怒情绪背后隐藏的原始情绪，不要在他人面前"宣泄"怒火，而是要"表露"自己的感受。

05 每时每刻保持良好的心情

在前面的章节，我与诸位提到过愤怒与否是由自己决定的。我们没有办法改变他人的情绪或行动，能够改变的只有我们自己的情绪。我这么说不是要让大家抑制自我，极力隐忍。我的本意在于提醒大家，务必时刻审视自己的情绪，让自己保持不易愤怒的状态。换言之，我们能够做到保持不易怒状态的方法之一就是，时时刻刻让自己"保持良好的心情"。这样一来，我们就会更加从容，愤怒指数不易上升，纵使我们感到颓丧，也能够很快重振旗鼓。而且我们也变得更加具有包容力。

所谓精气神指的就是"情绪归零"。为了达成"情绪归零"这个目标，我们需要先熟知自己的情绪。毕竟大家都是人，肯定会在有些时候心情很好，也会在某些时候心情不好，但是谁也不能帮你打起精神来。

我在感到消沉，或者想要终结某种不顺的时候，就会试着自己宽慰自己。我有好几种能够恢复良好精神状态的诀窍，例如，前往美甲店做一做美甲，或者给自己买一束漂亮的鲜花。

大家有没有"做了某件事，就能恢复良好精神状态"的个人爱好？例如，听喜欢的音乐，阅读喜爱的书籍，品尝可口的咖啡，生活中总有一些"你做了就会开心"的事情。培养几种恢复良好精神状态的方法，可以让我们及时从颓丧中抽身而出。

愤怒和糟糕的心情只会让我们远离人与人之间的沟通，让我们因此而产生误判，让我们更容易陷入恶性循环。

请你用心地留意自己的情绪，这样当你感到颓丧时，你才能很好地找回精神状态。你一旦拥有了这项能力，不仅工作中可以一帆风顺，在今后的人生旅程中这项能力也会成为你的优势。

06 从挫败中重振旗鼓的三个方法

每一个人都会失败。纵使是棒球巨星铃木一郎也有打不好球的时候，所以无论是多么卓绝的人才，肯定都会遭遇挫败。

遭遇挫败的时候，我们常常会因为自己的无能为力而感到懊丧。鉴于此，我想跟大家分享几个能够从负面情绪中重振旗鼓的方法。

（1）情绪升华法（认同自己的情绪）

遭遇挫败时，是否会在脑海里反复责备自己"我怎么就做出了这样的事情"？我们往往会反复回想过去曾经发生过的事情，试图从中找出失败的原因。自我反省固然重要，但是，过去的事情不会发生改变。

"失败了很难受""工作没做好，我觉得自己很没用"，首先，我们需要认同这些负面情绪的存在。这种认同情绪的方法被我称为**"情绪升华法"**，越是负面的情绪，我们越是需要深刻认同它，使之发生升华。

情绪不分好坏。懊丧这种情绪并非是消极的，它只是自然而然从内心深处涌出来而已。我们只需要好好认同它就行了。

（2）失败的时候不要问"为什么？"

自己或他人在遭遇挫败的时候，诸位会不会反复诘问"为什么"呢？

事情进展不顺的时候，不要追问"为什么？"

没有人愿意遭遇失败。对于遭遇挫败而烦恼的人来说，纵使我们诘问其"为什么"的时候没有任何恶意，但是，事实上失败本身几乎没有任何原因。我们的诘问反而会干扰对方正常思考，最后不得不抛出一大堆借口。

不要盯着过去的失败反复诘问"为什么"，我们应该考虑的是"下一次应该如何去做才不会失败""究竟什么时候才能取得成功"。**寄期望于未来，思考"怎么做"才是真正的具备建设性意义的解决方法。**

（3）人生只有成功和学习两条路

另外一个重点，在于我们怎么看待过去已经发生的既定事实。事实只有一个，**但是看待既定事实的方式分为正向对待和负向对待两种情况。**

举个例子，假设你一不小心在重要场合犯下了错误。

这个时候，你是选择反复诘问自己"我好无能"而陷入颓丧之中呢？还是不断鼓舞自己"我现在的能力就是这个样子，我要继续努力，希望下一次能够圆满完成工作目标"呢？

既定事实就是那样，怎么接受这个事实，是我们改变未来的关键所在。

我们没有办法改变既定事实，但是我们可以改变既定事实的意义。

被人们称为"发明大王"的爱迪生一生留下了很多成功的事迹，但是，事实上爱迪生失败次数之多也闻名于世。他并非每一次的试验都能够完成得非常顺利。

有一天，当助手正在悲叹实验又失败了的时候，爱迪生对他说道："这不是失败。至少我们已经知道这个方法是不可行的。"

爱迪生的这句话使我们领悟到一个道理：**失败本身就是一种学习**。

我们接受既定事实的方法，能够决定我们未来是将会转化失败走向成功，还是从此一蹶不振，再也无法发挥自身的实力，就此告终。

此外，只愿意从事不会发生失误的工作，或是采用此类避重就轻的方法过活的人，虽然不会发生失败，但是也不会取得成功。遭遇失败，那就代表了我们曾经向成功发起过挑战。请你一定要充分肯定奋力拼搏的自己（充分认同奋力拼搏的过程），不要萎靡不振，要继续奋发图强。

本章总结

1 愤怒背后往往隐藏着"期待""担心"等真正
的原始情绪。

2 多花点心思让自己保持良好的心情。

3 遭遇挫败的时候不要反复诘问"为什么"，
不要在此浪费时间，赶紧筹谋下一步。

实践成果：

员工士气大增，获选为全国模范门店

——大型家庭餐厅店长·男性·30岁

我已经在一家家庭餐厅工作了很多年，现在已经不再苦恼应该跟下属员工怎么沟通了。不过，我刚刚升任为店长的时候，我们店的运营真的非常糟糕。

当时，店内共有十多名店员，虽然我自己竭尽全力工作，但是员工的离职率非常高，即便是一开始手把手教他们，总是有好些人会在短时间内离职。招聘到新的店员之后，又得从零开始教导他们。

这个时候，我太太建议我参加山崎女士的沟通训练研习营，她跟我说："虽然这是以妈妈帮沟通训练为主题的讲座，但是我想这些训练内容对你的工作应该也会有所助益。"

倘若反复诘问他人"为什么？"的话，只会听到他人的砌词狡辩

一开始我就是抱着"商务投资"的想法来听这场研习营讲座。经过山崎小姐的点拨，我发现曾经的我是多么地自以为是。

我开始自我检讨，原来店铺之所以经营不善，是因为我与店员沟通不畅。我意识到这一点的时候，内心感受到了强烈的挫败感，因为一直以来我都坚信自己的做事方式无比正确。

从此以后，我便开始发动"沟通革命"。

我想要将我在沟通训练研习营中学习到的记忆犹新的三个要点应用到我的工作上。

1. 不问"为什么"。

2. 先用"肯定"话术回应他人（肯定法则）。

3. 向他人表示"感谢"。

首先，我不许自己诘问店员"为什么"。从前的我无论发生什么事情，总是习惯性责问店员"为什么"。

店员做不好我教过的工作，我会诘问他们"为什么你做不好"。

店员没有办法遵照我教给他的流程完成工作，我也会诘问："为什么你要这样做？"

我是这家门店的负责人，也是工作干得最出色的人，我自以为店员任凭我的差遣本是天经地义的事情，我也因此颇有几分骄矜之气。

当我冷静下来观察他人的反应之后，我发现每次我诘问他人"为什么"的时候，总是不能获得自己期待中的答案。他人只会陷入"你问我，我也不知道该怎么说"的不知所措之中，或是开始砌词狡辩。这样一来，工作起来就很不愉快，我也很难鞭策他人成长。

当我注意到这点之后，店员再犯错的时候，我会告诫自己不要诘问他们"为什么"，而是询问他们"要如何改善下次才能做好"这样对接下来的工作有帮助的问题。如此一来，店员就会自己开动脑筋思考，动手查找资料，遇到什么不懂的地方也会率先提问。掌握了烹饪等工作后，其成长速度也得到大幅提升。

主动整理厨房，店面整洁敞亮

我有意识地付诸实践的第二个原则是，以"肯定"的方式回应他人的建议与行动。从前的我总是喜欢单方面强迫他人接受我的建议。现在我改变自己的做法了，我先试着接纳他人的建议或行动，之后再给出能够改善现有情况的建议。

举个例子来说，区域经理每个月都会抵达各家门店巡查一次，进行厨房清洁卫生大检查。卫生检查评分表各评分项目的满分是100分，我的门店从来都只能取得60~70分的成绩。当时门店店员都只是遵照我的吩咐随随便便打扫一下，获得这样的得分也是意料之内的事情。

之后我开始在大家打扫完店内卫生后逐一对店员说"你

打扫得真干净！""谢谢你将这个地方擦得这么光洁"，用"肯定"的语句回应他人的行动，再说出"不过这个地方还稍微有点不够清洁，下次希望你能够擦得更干净一些"的意见。

这样来来回回重复了几次之后，发生了怎样的变化呢？首先，店员们开始争先恐后主动打扫门店卫生，士气大振，大家打扫得更加认真仔细，然后不可思议地进入了良性循环。

果不其然，后来我负责的门店在每次的卫生大检查中都能够拿到90分以上的成绩，店面也一直保持整洁敞亮的样子。

更令人惊讶的是，我们门店因为"门店清洁工作做得非常出色"，全国的区域经理都来到我们的店内视察，大家都想知道我们究竟是如何打扫门店卫生的。我从未曾想过自己担任店长的门店会受到全国各地分店的瞩目。店员们也因为自己的辛勤付出得到大家的认同而感到非常愉快。

第三个原则是说"谢谢"。这句话常怀心中，却难以开口。每当工作告一段落之后，我肯定会向每一位店员表达谢意："谢谢你，辛苦了。"打扫卫生的时候，我也会跟他们说"谢谢你打扫得比之前干净许多"。我想店内之所以变得如此整洁，这句"谢谢"起到了很大的作用。我也再一次意识到，每当我们自己勤恳工作的样子被他人看见，得到他人的感谢，真的会感到非常愉悦。

细微的行动变化引导出未曾设想过的未来

我花费了一年的时间，时时刻刻不忘告诫自己实践三项沟通法则。实际上这都是些细枝末节的小事，因此需要我再三告诫自己持续实践下去。现在的我已经能够自然而然地践行起来，自己与周围其他人的关系也发生了翻天覆地的变化。

除了我与店员的上下级关系之外，店员们彼此之间的关系也变得更加融洽，店内的氛围十分和谐。

店内员工的离职率也大幅下降，现在门店内部几乎没有人主动辞职，班表管理稳定有序，所以我也能够得闲休假一阵子了。

此外，在门店管理改革方面，我得到了公司的肯定，获得了仅有数人有资格去美国研习进修的机会。

实话实说，刚开始推行沟通改革的时候，我从未想过会发生如此立竿见影的变化。对这些变化感到大吃一惊的正是我本人。

我所践行的三种沟通方法，都建立在"认同他人的存在意义"这个基础上。只要做到这一点，人与人之间的关系就会发生显著的变化。

还有一个获得成功的重点，那就是踏实肯干持续努力。有志者事竟成，我现在总算是深深地领悟到了这句话的意思。

第6章

与现在的自己友好相处

大家都还记得自己儿时的梦想吗？足球选手、甜品师、宇航员、教师……每一个人都有着不一样的梦想，我自己一度想要成为歌手。我特别喜欢松田圣子，认为自己肯定能够成为像她那样的歌手。

虽然我曾经竭尽全力追逐过这个梦想，但是当我长大成人踏入社会之后，不要说实现这类人生美梦了，就连一般的理想都高不可攀。现实生活中有很多人无法向那个不满足于现状的自己妥协，不仅不能和他人友好相处，而且就连面对自己时，内心也总是自我冲突。

人生路上，并不是每一个人都能够朝着梦想稳步前进，梦想、理想与现实三者之间存在极大的距离。在这一章，我想与诸位读者分享的是防止迷失方向的秘诀。

工作总是会占据我们每一天中的大部分时间。现今这个时代，一直工作到70岁再退休并非稀罕之事。倘若人生中的这一大段时间你都是一边悲叹着"事情本来不应该发展到这种地步"，一边展开工作的话，那么实在是太令人惋惜了！

我想要从事

走向世界

的工作。

这是我一直以来的理想。

但现实是，

就职于一家小公司，整天被文书资料逼得焦头烂额……

哒哒哒

哒哒哒

拉开易拉罐

唉……

COF

我究竟在干什么啊？

我一点儿也不想从事这种工作！

哒

几年前的我也是这样想的。

阿洋导师你也是这样吗？

我呢，实际上小的时候，很想成为一名歌手！

很憧憬松田圣子

可是我没成为松田圣子二代。

不过，长大成人以后接触到沟通训练引导师这个职业，突然发现这就是自己想做的！

我的目标是成为企业教练！

理想

但是那个时候孩子尚且年幼，而且自己已经与社会生活严重脱节！

现实

147

那么，我就先试着帮助身边的妈妈们解决各种烦恼，开始涉足妈妈沟通教练这一行。

结果越来越多的妈妈们感到非常愉快。

『妈妈乐活营』这个大型沟通训练研习营，也就这样诞生了。

我一开始的目标并非成为妈妈沟通教练，但是，不知不觉它却成为我想要继续下去的事业。

那个时候我才发现……

啊……

原来，这就是我想要做的事情，

运用自己的语言，

让周围的人感到欢喜。

较之从事什么职业，

我认为更加重要的事情是，你想要通过工作，实现什么样的目标。

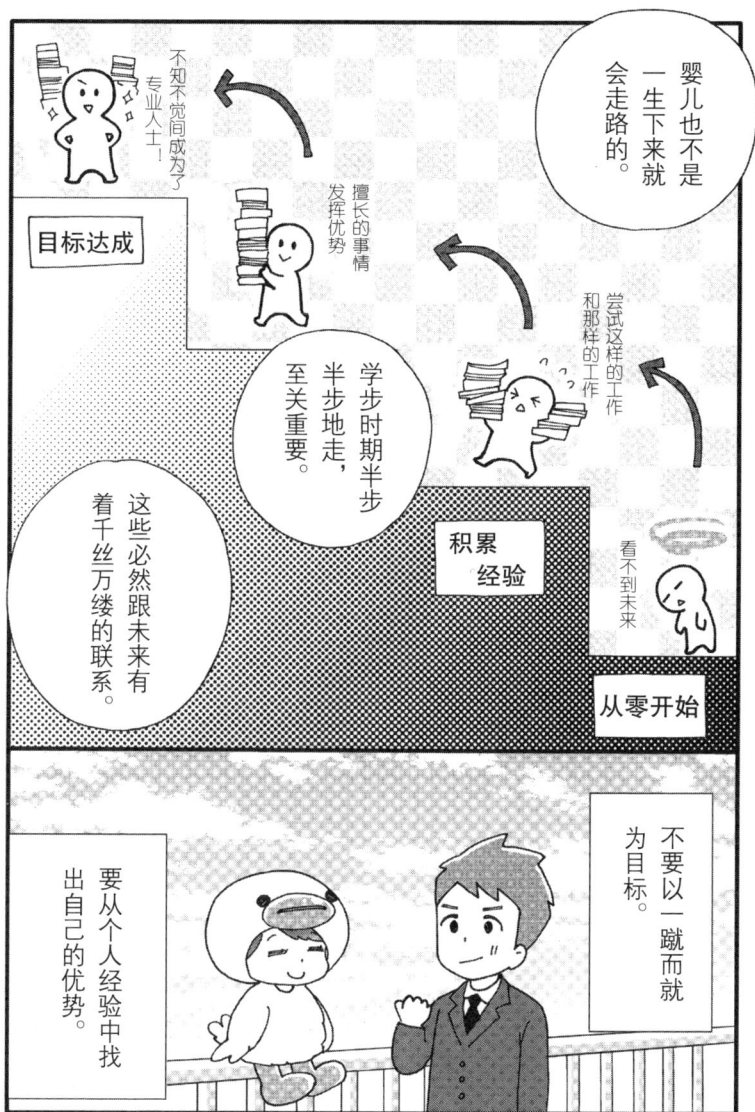

婴儿也不是一生下来就会走路的。

不知不觉间成为了专业人士！

擅长的事情发挥优势

尝试这样的工作和那样的工作

目标达成

学步时期半步半步地走，至关重要。

这些必然跟未来有着千丝万缕的联系。

积累经验

看不到未来

从零开始

不要以一蹴而就为目标。

要从个人经验中找出自己的优势。

01 我的目标不是妈妈沟通教练，而是企业教练

有些人也许会觉得现在的工作非常枯燥乏味，与自己想象的迥然不同。事实上，12年前的我大抵也是这般模样。

接下来，我想与诸位分享一下我的个人经验。前面的漫画里出现过，虽然我现在被人们称为"妈妈界的明星教练"（不好意思，自卖自夸了），但是事实上我原本想成为企业教练，从未想过自己会成为教授妈妈们沟通训练方法的讲师。

我二十几岁的时候，曾经在大型英语会话培训学校工作了6年，最后一年当我偶然看到单位招聘进来的外部讲师，直觉上让我产生了"我也想成为讲师"的想法，这就是我成为讲师的出发点。虽然讲师一职与我儿时梦想成为歌手截然不同，但是"活跃于众目睽睽之下""成为万众瞩目的焦点""能够影响很多人"，这几项却是它们的共同属性。大概也是因为这样我才会特别心动吧。

之前我对"沟通训练引导"一点也不了解，直到后来我猛然发现，"我在英语会话培训学校学到的沟通方法，实际上就是沟通训练引导师的技术""原来这一切都是因为我在不知不

觉间做到了这些，我的工作才会开展得如此顺畅"，我也因此开始对沟通训练引导工作产生兴趣。

俗话说，人算不如天算。当我学习企业教练课程，决定正式开办沟通训练研习营时，我怀孕了。

生产过后，我没有办法毫无牵绊地参加活动，便试着先向周围的妈妈友人们搭讪，一起成立了育儿社团，担任社区终身学习运营委员一职，从身边开始慢慢参与到与他人和社会的互动活动之中。

这个时候，在社区终身学习课程中刚好出现一个招募企业教练和主办沟通训练研习营的机会。这个讲座令人既充实又愉快，我在台下看着女性讲师讲课时神采飞扬的神态，按捺不住内心蠢蠢欲动的劲头。

哪怕成功的希望很渺茫也没关系，我只是想要实现自己的愿望。于是我开办了自己的沟通训练研习营。当时的我没有任何企业人脉，所以第一次开办沟通训练研习营的时候主要以附近的妈妈们为招生对象。

02 历经11个年头，确立了别具一格的沟通训练引导法

　　我以离家颇近、略显老旧的公民馆为据点，举办了一次报名费为350日元的沟通训练研习营。现在回想起来，授课内容无非也就是跟着教科书照葫芦画瓢，十分乏味。

　　我在窄小的公民馆开办小规模的活动，而那些功成名就的企业教练都是站在大型舞台上进行演讲。每当我见到那些同行的活动规模越来越大的时候，我内心充满了焦灼、不安与嫉妒。不过，当时的一位朋友给了我一个永生难忘的建议："与其一起步就以成为企业教练为目标，还不如先在妈妈教练领域成为业界冠军，在此以后想要开辟出新的道路也就是轻而易举的事情了。"

　　虽然商务人士与妈妈帮迥然相异，但是"活跃于万众瞩目之下，并影响他人"的工作性质是一样的。既然这份工作具备了让我感到喜悦的特性，一旦决定要做，我就想要将它做得有自己的风格。

　　从那个时候开始，我便通过自己的方式勉力拼搏着，我

在原有经验上加入现在通用的"喜悦""感动"等元素，增添了娱乐氛围，打造出阿洋导师独有的沟通训练研习营。

这样一来，通过大家的口说耳听，递相传播，研习营的课程好评如潮。经过11年，一些在职场上打拼的妈妈们就委托我"到企业去开办沟通训练研习营"，也有人邀请我"去她老公的企业进行演讲"，我实现了成为企业教练的梦想。

03 现在的"×"也能够转化为未来的"√"

我一直抱着"先在妈妈教练界当上业界冠军"的想法，不断累积经验，这才确立了研习营的别具一格。当我找到属于自己的教练风格之后，无论对方是妈妈党还是商务人士，事实上所有的方法都能够通用。能够在同一个领域内枚举自己已经取得的成绩，就是我最大的优势。

换言之，虽然我觉得妈妈沟通教练与我儿时的梦想迥然相异，但是事到如今，我认为当时在窄小的活动中心开办的妈妈帮沟通训练讲座，反而正是我通往理想的捷径。反而言之，倘若我一开始举办的就是以商务人士为招生对象的讲座，也许就没有办法像现在这样出版好几本（妈妈帮沟通训练系列）著作，也许更没有机会上电视作讲座了。

据说，一个人在回顾过往的时候，如意之事约占60%，等回想起来才发现"原来还发生过这样的事情"之事约占30%，而晦暗的事情约占10%。

对我而言，刚刚成为妈妈沟通教练时的那段过往就是不堪回首的10%。不过11年后，那段不堪回首的往事反而已经成为那60%的一分子。

也就是说，对我们而言现在是"×"的事情，将来不见得一直都是"×"，或许也可以像我一样转化为"√"。

我就职于英语会话培训学校的时候，担任过秘书一职。事实上，对于我这种喜欢成为众人瞩目的焦点的人来说，秘书这种需要专心致志辅助他人的社会角色，让我感到非常难受。

不过，能够在具有全国性规模的英语会话培训学校任职，从事可以在近旁观察创立者会长的工作，这个经验对我而言也是十分宝贵的财产。我也从中学到不少东西。事实上，就算是让人感到憎厌的事物中，也包含了一些"√"的成分。

无论是何其卓绝的米其林名厨，肯定也经历过只削芋头皮的漫长学徒生涯。不过，他们肯定会在这个过程中找到自己的课题，比如"我要把芋头皮削得比任何人都要干净利索""我要成为那个削皮速度最快的人"，然后一步一步通过试炼，持续成长。

纵使你认为现下的工作没有什么意义，你还是可以掺入一些自己为自己制定的课题或主题，将"令人憎厌"的10%无声无息地转化为"真好"的60%，这才是真正的精彩人生。

相信诸位在以往的人生旅途中，肯定也亲身经历过"当时真的很难受，但也恰恰是因为那件事情才有了今天的我"的情境。天底下几乎没有人能够在良好的环境里与自己喜欢的人一起做着自己喜欢的工作。但是只要转变观念，努力经营，这些工作就可以转化为能够给你带来自我成长与幸福的良好机会。

04 分开思考能自行掌控和不能自行掌控的事项

在英语会话培训学校任职的销售经理和业务人员，他们的工作目标都是增加学员人数。

这六年间我接触过很多业务员，跟业绩突出的人谈话的时候，我发觉他们都拥有一样的心理特性，那就是不到最后一刻绝不轻言放弃，而且从不将错误推诿给他人。开展业务会议的时候，当众人都在满腹牢骚地抱怨"这个月的业绩真是糟糕透顶"的时候，只有一个人说了"危机也是转机"这样的话。

能干的人的共同特征就是"不将错误归咎于环境与他人"。

诸事不顺的人，通常会絮叨抱怨，将错误归咎于他人与环境。比如将学校地理位置偏僻、学费太贵、讲师个人品质欠佳作为借口，其实大家所拥有的条件都是相同的。身处同样的环境之中，有些人能够提高业绩，有些人就是做不到。差别就在于不一样的"精神面貌"。逃避现实，不敢面对自我，抱怨他人与环境，这样做看似比较容易，但是，这样的人也很难改变现状。

在这个世界上有些事情我们能够自行掌控，另外一些事情我们则不能自行掌控。对于环境等外在事物，我们没有办法仅凭一己之力就令其改变，如果想要强行掌控此类难以改变的事物，只会令自己陷入痛苦之中。这个时候肯定得从自己容易上手的事情开始尝试，无论事情多么细微都没有关系。不要忘记，我们能够改变的只有我们自己与未来。

05 思考"现在的我能做什么？"

曾经有一次，我前往一家传闻中"地点偏僻，难以完成业绩"的小分校支援了一个月，最终我只花了一周左右的时间就完成了招生目标。

那个时候这家分校已经有好几个月没有完成招生目标了，教职工们早已丧失自信，有如战绩惨淡的棒球队会接连不断地输球一样，大家也早已放弃目标，心想"反正，无论我们怎么努力都不会发生任何改变""这也是没有办法的事情，都怪学校地点太偏僻了"。

不过，当我仔细盘查业务情况的时候，我发现这家小分校除了一般性业务业绩惨淡之外，就连原本应该续约的客户也发生了大量流失的情形。因此我赶紧安排大家从主动向他人问候致意开始训练自己，并要求他们向正在烦恼于是否入学的客户提供咨询服务，这些都是常规工作。不允许他们以学校地点太偏僻为借口，而是驱使他们去思考"我现在能够做点什么事情来改变现状"，然后直接采取行动。

我去援助该分校的时候备受大家的期待，因此我自己也觉得"我要努力做出一番成绩""我去了那里肯定能够有效解决问题"，我对自己充满自信。正因为我拥有这种乐观积极的精神面貌，才让我发挥出了双倍的力量。

工作不顺、心情烦闷之际，希望大家可以找出当下能够立刻上手去做的事情。我们必须抱持自己的观点，找出具备"√"属性的工作。

想要归咎于他人和企业当然很容易，但是这样一来就完全抹消了自己的建设性。纵然离职跳槽，也不能保证你下一次就能够找到顺心如意的工作。无论在哪里都可能碰到性情不相投的人，天底下本来就不存在满分环境，也没有天堂，因此我希望大家能够好好思量一下，为了改善工作环境，你真的已经竭尽全力做了所有你能够做到的事情吗？

我也曾经遭遇过很多让我痛苦的事情。我总是告诫自己"想要辞职的话随时都能辞掉"，但是，如果我继续努力的话就能够朝着原来的方向踏出前进的步伐。正因为我曾经是这样拼搏过来的，所以才能够得到很多收获，学到了很多东西。现在，我由衷地觉得在英语会话培训学校度过的那段时光，恰恰是我人生的宝藏。

06 首先从立刻采取行动开始

在来参加讲座的学员中，曾经有一位 N 小姐由于自己没有办法调至自己中意的职位而恹恹不乐。特别喜欢阅读的 N 小姐，后来与单位的同事在社群网站上组建了社团，分享了自己的读书感悟，在网站上推介自己阅读过的书籍。通过书籍，她与其他部门的同事建立了特定的关系。虽然他们在工作上并未产生多少交集，但是在往后的日子里，她的这些同事也能在工作方面给予一定的帮助。

如果大家找不到自己想要做的工作，我建议"无论什么工作都请你先试着做一做再说"。

这是因为经验足以让我们看见和明白很多事情。每一个人都是通过不断积累成功和失败的经验，不断奔走在自己人生道路上。就像 N 小姐一样，她除了现在的工作，同时还通过企业之外的活动或在私生活中努力探索生活的多样性与可能性，我认为这也是好的选择。

尤为重要的是，不要一开始就抱着想要一步登天的目标，而是要一步一步慢慢接近自己心中的理想。

本章总结

1　你能够让现在的"×"转化为将来的"√"。

2　我们没有办法改变过去与他人，我们能够改变的只有自己与未来。

3　人可以通过经验探寻工作的契合程度，不要一开始就抱着想要一步登天的目标。

课题4

认识能够让你与自己友好相处的核心价值

回顾孩提时代，你是一个怎样的小孩？曾经有过怎样的梦想？

在学校你最喜欢的科目是哪一门？理由是什么？

从父母双亲、养育你的人、影响过你人生的人们那里，你获得了哪些性格特质、思维方式和价值观？

作为反面教材，你从这些人身上学到了什么东西？

请你直接写出自己的想法。

在曾经参与过的工作中你觉得最舒心、最有意思的工作是怎样的工作？个中缘由是什么？

･･････････････････････････

你觉得谁看起来最光彩照人？理由是什么？

･･････････････････････････

每当面临难关的时候，你能够依靠的是什么？是什么信念让你产生了力量？

･･････････････････････････

在第3章中大家已经写出自己的"优势"。在此请你再次盘点以往种种经验，之后想必大家的"核心价值"应该也就会逐渐显露出来了。请试着以全新见解找出当下可以折中的地方或目标。

重点 "核心价值"能够增加期待感和快乐程度，充分挖掘"核心价值"，我们的工作和人生阅历会变得更加丰富多彩！

课题5

思考现在的自己与未来的自己

比如：每天的工作忙忙碌碌，没有办法完全了解掌握世界局势。

（学习/自我启蒙：满足这项可从满分10分中得到2分）→早上
试着在通勤电车上阅读报纸。

学习/自我启蒙	①	②	3	4	5	6	7	8	9	10

工作/职业生涯	1	2	3	4	5	6	7	8	9	10

娱乐/自我空间	1	2	3	4	5	6	7	8	9	10

金钱/物质	1	2	3	4	5	6	7	8	9	10

健康	1	2	3	4	5	6	7	8	9	10

家庭/恋爱	1	2	3	4	5	6	7	8	9	10

学习/自我启蒙	1	2	3	4	5	6	7	8	9	10

人际关系	1	2	3	4	5	6	7	8	9	10

请针对下列各个项目的满意度或充实度加以评分,用√勾出数字。满分设定为10分。接下来,请你试着写出能够做些什么事情,以便让各项目的分数提高1分。

以提高1分为目标,你现在能够做到哪些事?

→

→

→

→

→

→

→

重点 剖析现在的自己,就能够朝理想中的自己踏出一步。

后记

就职于大型英语会话培训学校的时候，我认为自己无论被分配到哪所分校都能够提高该分校的业绩，我也比较擅长培养下属员工，这份工作真的契合了我的天性。不知道从什么时候开始，我想要"将学校经营方面的经验传授给他人"。可是，这些经验对我而言过于顺理成章，我反而觉得自己似乎也没做过什么与众不同的事情，因此我根本就不知道究竟该教授什么东西给大家，也不知道要用什么方法来教才好。

过了几年，我偶然间看到刊登在杂志上关于"教练"的资讯，于是开始学习相关技能。接下来，我才逐渐明白过去的自己无论被分派到哪所分校都能够业绩突出，老师们也都愿意大力支持帮助我的原因。

是的，那些被我视作义不容辞的事情，就是沟通训练引导法。

过去对于使用什么方法来传递什么内容一窍不通的我，终于学会了"传递的技巧"，然而当我以成为企业教练为梦想迈出一大步之后，马上就发现自己怀孕了。

当时的我只能一边育儿，一边慢慢地维持学习进度，眼看着跟我同时开始学习的人一个个都成了万众瞩目的企业教练，我是真的又嫉恨又焦虑不安。

当时还是专职家庭主妇的我，一心想着倒不如先试着向周围的妈妈友人们传授这些经验，有了想法之后立刻采取行动，当时是2004年1月，那时已经是我成为教练的第三个年头了。

托各位学员的福，我的讲座凭借大家的口说耳听以及支持者的大力宣传，迅速扩散至全国各地。我还出版了7本书，有关我的报道相继刊登在各家报纸杂志上，我也终于完成了自己多年来的梦想，登上电视节目。我一开始以成为企业教练为目标展开学习，从距离目标理想甚远的妈妈沟通教练开始出道，事到如今已经经历12个年头，今年春天还在香港地区和泰国成功举办演讲。

刚开始担任妈妈沟通教练的我，凭借着满腔热火和与学员们的缘分，终于获得了在企业举办研修会之际上台演讲的机会，这看起来虽然绕了一点远路，但是最终我还是实现了自己的梦想。

回顾过往，在这11年间我总是能够得到很多贵人的帮助，获得了很多珍贵的缘分。

这些缘分远远要比我自己的努力更加重要，也更加美好，正是因为这些缘分，我才能够走到今天。

我个人的努力实际上根本就不足挂齿。

我所做过的事情，也就是本书提及的事情罢了。

一路走来，我自始至终都十分珍视人与人之间的关系。

这样一来，各种各样的机缘开始起承转合，曾经一度只能够活跃在妈妈世界里的我，现在终于能够在日经BP出版社出版自己的书了。

有很多人都想出版自己的书。

我也见过很多参加出版研讨会的人。

我在出版这本书和过去那些妈妈帮沟通训练系列图书的时候，从未撰写过策划书。

那么，我究竟是怎样出版这些书籍的呢？实际上也全都是人与人之间的机缘成全了我的梦想。

真的特别感谢藤本帮我和当时正在《日经 TOP LEADER》杂志发行部的凑本以及伊藤总编辑牵线搭桥。

非常感谢伊藤总编辑给予曾是妈妈沟通教练的我出版

图书的机会，也十分感谢协助编辑本书的Saiko老师。我不会忘记自己曾经深更半夜打过多少次电话，还有我曾经匆匆忙忙地赶到涩谷车站在月台上交付本书原稿的事情。感谢那个曾经援助我写作本书的Marie。多谢Mana精巧奇妙地绘制出了本书的世界观。

尤为重要的是，本来身为妈妈沟通教练的我，能够写出第一本商业管理类书籍，都是因为曾经参加"妈妈乐活营讲座"的学员们给予我的帮助。感谢我的得意门生Yukki一直都温文尔雅地守护并协助我。感谢这个词远远不足以表达我对大家的感激之情。

在此，我还要向我的先生和儿子真心表达我的感谢，在我写作的时候，纵使家里人只能吃外卖，纵使在家事方面我做得马马虎虎，他们依然义无反顾地守护着我，没有任何怨言。

感谢你在琳琅满目的书籍中捧读我的拙作，我在此由衷地奉上我诚挚的谢意。

山崎洋实